藏族酒曲

ZANGZU JIUQU

角·华青加 编译

ཆང་གཞས་ལ་ཁྱེ།

青海人民出版社

图书在版编目（ＣＩＰ）数据

藏族酒曲 / 角·华青加编译 . —— 西宁 : 青海人民出版社 , 2017.12

ISBN 978-7-225-05526-8

Ⅰ . ①藏… Ⅱ . ①角… Ⅲ . ①藏族—民歌—作品集—中国 Ⅳ . ① I277.291.4

中国版本图书馆 CIP 数据核字 (2018) 第 000033 号

藏族酒曲

角·华青加　编译

出 版 人	樊原成	
出版发行	青海人民出版社有限责任公司	
	西宁市城西区五四西路 71 号　邮政编码：810023　电话：（0971）6143426（总编室）	
发行热线	（0971）6143516 / 6137730	
网　　址	http://www.qhrmcbs.com	
印　　刷	陕西龙山海天艺术印务有限公司	
经　　销	新华书店	
开　　本	787 mm × 1092 mm　1/32	
印　　张	10.625	
字　　数	60 千	
版　　次	2018 年 5 月第 1 版　2018 年 5 月第 1 次印刷	
书　　号	ISBN 978-7-225-05526-8	
定　　价	39.80 元	

酒曲：一口美酒一首诗

赵得录

  2009 年，藏族酒曲被列入省级非物质文化遗产名录，2013 年被列入国家级非物质文化遗产名录，这是藏民族文化艺术发展史上值得可喜可贺的一件大事。

  安多藏族酒曲，在全国藏区影响较大，它是一种流行于安多藏区的民间歌谣，也是安多藏族民歌最主要的组成部分。藏语称其为"勒"。"勒"在藏语中就是歌谣的意思。所以，由青海民族出版社于 1982 年 3 月首次正式出版发行的《藏族民歌·悦耳甘露》（藏文版）一书，就把书名简称为《藏族歌谣》。这也是大家所公认的。此次华青加同志翻译成汉文的这 300 首安多藏族酒曲，就是从《藏族民歌·悦耳甘露》（简称《藏族歌谣》）（藏文版）一书中挑选出来的。

安多藏族酒曲，是一种具有悠久历史的藏族民间歌谣，它充分体现了藏族近、现代社会的人文情怀、艺术品格、生存状态和社会风貌，是研究藏族人类文化学与艺术学、民族宗教学的上佳素材。一般情况下，"勒"这种民间歌谣是在婚庆筵席等祝福性的节庆活动中演唱，当身着节日盛装的宾客齐聚于筵席，第一个亮嗓开唱的歌手在秩序井然的筵席上放声高歌时，伴着美妙动听的歌喉，手里拿着酒碗边唱"勒"边辅之以特有的姿势、手势和步态缓缓走到坐在列次上方的长辈跟前向他们一一敬酒祝福，最后来到他所看中的歌手跟前，在向他敬酒的同时把手里的酒碗交给他后，边唱边回到自己原来的座位，静候回复。这样一来一往，一时间男女众歌手的歌声此起彼伏，把热闹喜庆的气氛逐步推向高潮。因为"勒"多在婚庆筵席等场合中，歌者演唱时边饮酒边唱，并且不时恭敬躬身把酒碗送到长辈和其他宾客面前向其敬酒，以表达对长辈和宾客的敬意和祝福，而被敬酒者也赶紧回应，轻轻接过酒碗作微酌状或把无名指指尖微微蘸入酒中，向上弹去，以表示对"三宝"的敬意和对歌手的谢意。如果没有美酒，"勒"就显得单调而乏味。有了美酒的助力，歌手便渐渐进入状态，歌越唱胆子越大，嗓音也似乎越来越嘹亮动听起来。所以有人就把"勒"这种安多藏族民间歌谣称作"酒曲"或"酒歌"。由此看来，"勒"和酒亲如兄弟，难舍难分，唱"勒"离不开美酒助兴，没有美酒陪伴的"勒"，犹如缺了盐巴的茶水，寡淡无味，饮之无趣，弃之可惜。因此，人说"一口美酒一首诗"倒也十分贴切。

回过头来又要说说，在四方宾客济济一堂的筵席上，当一对旗鼓相当的歌手唱得渐入佳境时，就变换曲目开始唱起"勒西合"（即以对唱的方式互相戏谑）来，当一方唱到精彩处，听众随即齐声喝彩助威；当两人唱到难分难解，一方渐渐支持不住时，坐在列次上方的长辈们就催促晚辈歌手唱"劝勉歌"，用十分婉转的歌词将二人劝开，制止"互斗"。到了酒席临散场，来自远路或家中有事急着要离去的人多起来的时候，席间就会有歌手适时唱起"祝福歌"，祝福宾客牛羊满圈，五谷丰登；祝福人们万事如意，扎西德勒！筵席上人们充分享受到了美妙歌声所带来的欢愉，人们自始至终沉浸在欢快热闹的气氛之中。

这里所说的安多，是藏族人对青海、甘肃和四川西北部藏族地区的一种习惯性称谓。按中国语言学界对藏区方言的习惯划分法，中国境内的藏语主要分为卫藏方言、康巴方言和安多方言三种。安多方言区覆盖的范围除青海省的玉树藏族自治州之外的果洛、海南、黄南、海北、海西几个藏族自治州以及海东市所属藏族地区外，还包括四川省的阿坝藏族羌族自治州以及甘肃省的甘南藏族自治州和天祝藏族自治县。这三大方言区，是根据地理差异及文化背景的异同自然形成的文化特色迥异的三大区域。人们习惯上称卫藏（现在的西藏自治区）为宗教和艺术的圣地；称康巴（包括青海省的玉树藏族自治州、四川省的甘孜藏族自治州、西藏自治区的昌都地区和云南省的迪庆藏族自治州）为歌舞的海洋；安多为民歌的摇篮。因此，藏区在我国素有 "歌舞的海洋" 之美誉。

安多藏族民歌主要有"勒"（酒曲）和"拉伊"（情歌）两大块构成。我们在这里着重要说的"勒"，歌词中很大一部分具有赞美、颂扬和祝福的内容，以贴切生动的比喻来赞美和歌颂雪域高原的雄浑壮美，赞美和歌颂牛羊马三畜和珍禽奇兽，赞美和歌颂五谷丰登喜获丰收，赞美和歌颂德高望重的长辈和聪明可爱的孩子，赞美和歌颂中国共产党的英明伟大，赞美和歌颂自由幸福的社会主义大家庭。一言以蔽之，就是赞美和歌颂"真、善、美"。当然，除了赞美和歌颂"真、善、美"外，对生活中的"假、丑、恶"的事物也可进行适当的鞭挞和讽刺。

本土著名作家和翻译家龙仁青先生在他的《藏歌：甘甜醇厚的美酒》这篇散文中，极其生动地描述了藏族民歌所具有的那种只可意会难以言传的魅力。他深情地写道："藏歌是嘹亮的。比如酒歌和'拉伊'，总是从低沉中开始，慢慢攀升到一个尖利而又响亮的高音，在高音部位保持相当的长度，那几乎是一个停滞或者凝固，接着是起伏不止的花腔或颤音，复而又回到了深深的低沉。这种特别的旋律几乎就是对高原形体的一种描摹。听着藏歌，苍莽的高原便在眼前辽远而又逶迤地伸展开来，并且幻化出雪山、海子，以及飘荡着炊烟的牛毛帐篷，周围闲散的牛羊……聆听中的风景是那样的静谧而又震颤心灵。"作家继续写道："藏歌是欢快的。从地理、气候环境来说，藏族居住在世界上最为严酷的地方，生活在空气最稀薄、气候最寒冷的高大陆上，艰苦的生活环境反而使他们养成了藐视困难的习惯。在藏民族的歌声中根本听不到哪怕是一丝的悲鸣，那种健康向上，充满信心的情愫激荡在他们的歌喉，快节奏的舞步和热烈的篝火总是伴随着他们的歌声。"的确如此，作家的如椽巨笔一下就说明白了藏歌摄人心魄的无限魅力。

　　因为"勒"（酒曲）的内容与谈情说爱无关，可以在任何喜庆场合中演唱，不用回避任何一个有血缘关系的异性亲人。而"拉伊"则不同，因为"拉伊"的歌词内容无不包含着谈情说爱，主要是青年男女用来互诉衷肠，吐露心曲表达爱意的民歌，所以不适合在有血缘关系的异性亲人在场的场合中唱。假如有人斗胆当着异性亲人面唱"拉伊"，必会遭到人们的斥责，被认为是脑子有问题的人而遭人嗤笑的。如果有人一不留神当着需要回避的异性亲人面唱了或者哼出了"拉伊"特有的曲调，会使在场的人感到尴尬而无地自容。由此可知"拉伊"是不可不分场合乱唱的，必须避开异性血缘关系的亲人后才能唱。否则被认为是有伤风化的极不文明的下流行为，甚至被视为乱伦之举而遭人斥骂。

　　可以说安多藏族民间的"勒"，是藏族劳动人民在长期的生产生活实践过程中集体创作的民间诗歌。它最早问世的一个最主要因素，就是为了满足人们互相表达内心深层情感的需要。当"说"不足以用来表达内心深处的真情实感时，"唱"就开始粉墨登场了。由此可知，"说"是"唱"的前提和基础，而"唱"则是"说"的进一步发展和升华，于是藏族民间歌谣——"勒"和"拉伊"就应运而生了。

据说藏文修辞学中有三十多种修辞手法，其中的夸饰法就是应用极尽夸张之能事，利用夸张的修辞手法来描述其所要表现的对象，以求得诗意之美。藏文修辞学中的夸饰法，不用说那是藏族古代的文人、学者、大师们总结和归纳出来的，然而却并不是他们的独创。作为世代居住生活在青藏高原、远离都市喧嚣的藏民族，永远是一个充满幻想和富有激情的民族。藏族劳动人民在长期的生产生活中集体创作出来的山歌野曲，比起文人、学者、大师们的高雅之作，更早更多更熟练地运用了夸饰法，因而大大增强了"勒"和"拉伊"的欣赏价值。当然，藏族的民间歌手或歌词作者，并不是因为掌握了诸如此类的文学修辞手法，使"勒"和"拉伊"这种民间歌谣久经岁月风霜的洗礼而不失本色的，他们的创作完全是心中真情实感的自然流露，是对美好愿望的真切表达和对幸福生活的无限憧憬。

安多藏族民间歌谣——"勒"和"拉伊"以其口头艺术的形式代代相传，形成了各自固定而迥然有别的内容和唱腔曲调，不可随意互换唱腔曲调和歌词内容，也就是说用来唱"勒"的那些（不管它有多少种）唱腔曲调绝对不能用来唱"拉伊"，反之亦然。说得更明白一些，就是用来唱"勒"的那些唱腔曲调只能用来唱"勒"，同理用来唱"拉伊"的那些唱腔曲调亦不能用来唱"勒"。"勒"和"拉伊"的唱腔曲调是随着社会发展和时代变迁由各地的歌手们不断创新的。对于一个喜爱并且熟悉安多藏族民间歌谣的听众而言,分辨"勒"和"拉伊"的唱腔曲调并不十分困难,当歌手起调完成开头的长调部分进入唱词部分的演唱时,就能轻易听出他所采用的是哪一种唱腔曲调。因此,为了维护"勒"和"拉伊"演唱的严肃性,进而捍卫藏族人以知耻为荣的尊严和人伦道德的至高无上,决不可随意胡乱替换"勒"和"拉伊"的唱腔曲调。作为安多藏区口口相传、世代传唱的民间歌谣,在风起云涌的改革开放的大潮和五花八门的新潮音乐的冲击下,依然保持其原有本色而大放异彩,除了安多藏族歌谣自身所拥有的不可替代的优势外,改革开放的大环境使人们的审美需求重新回归到传统文化艺术之上的同时,国家在政策上因势利导,对传统文化产业的发展给予强有力的支持和正确引导,鼓励民间艺人发挥自身优势改善个人以及家庭生活状况;各地有关群文管理机构因地制宜积极组织开展民间歌谣演唱比赛,对从比赛中脱颖而出的优秀选手给予可观的物质奖励;实行改革开放政策以来,国家出版部门连续推出各种版本的藏文民间歌谣书籍,使广大爱好民间歌谣的群众能够轻而易举就能得到一本印刷装帧精美的藏文版的安多民间歌谣集。然而在20世纪80年代以前的很长一段时期内，一个普普通通的农牧民群众能得到一本这样的藏文书籍可以说几乎是不可思议的。天时地利人和，使古老的安多藏族民间歌谣在21世纪的今天重新焕发出了勃勃生机。愿安多藏族民间歌谣这棵艺术之树常青不枯！

　　《藏族酒曲》和《藏族拉伊》这一对姊妹版的藏译汉书籍，是我的同事兼好友华青加受青海人民出版社编辑王伟先生之托，历时一百天翻译成汉文的。就在几天前，他打电话给我，希望我给他的这对姊妹版的译作写篇序言，我欣然答应了。并不是因为我对安多藏族民间歌谣——"勒"和"拉伊"有多深的研究，而是出自对译者本人的深度信任和了解。华青同志20世纪50年代出生在素有"高原上的江南"之美誉的青海省贵德县黄河岸边农村，自幼在农村深受藏族传统文化艺术的熏陶，对安多藏族民间歌谣——"勒"和"拉伊"有一定的了解。在他年轻的时候，在闲暇之余也喜欢唱几首藏族的"勒"和"拉伊"，也是一个不错的歌手。他自20世纪70年代末从北京调到青海日报社以后，除了离岗进修深造几年外，长期在报社藏文编辑部从事翻译、校对、编辑、驻州记者站记者等工作。华青同志在他所深爱的新闻战线辛勤耕耘二十余载，积累了宝贵的藏汉互译经验，逐步成长为汉藏兼通、能够独当一面的业务能手。从1987年起先后被任命为藏文编辑部编译科副科长、政法部主任、藏文编辑部主任助理、藏文编辑部副主任等行政职务。1999年1月，经青海省新闻系列高级专业技术职务评审委员会评审通过，并经青海省劳动人事厅批准，获得主任编辑任职资格。华青同志在工作上始终勇挑重担，精益求精，严于律己，团结同志。他为人低调，谦虚好学，是名副其实的"老黄牛"式人物。基于他的突出业绩，1998年年底被评为1997——1998年度"全省优秀宣传工作者"；先后7次被评为青海日报社"先进工作者"、"优秀共产党员"。

正当华青同志撸起袖子再加一把劲时，无情的病魔悄悄袭来，击碎了他的所有梦想。他含泪提前离开了他所深深热爱的新闻战线。好在天无绝人之路，借助于中、西、藏医学的神功，结合坚持不懈的科学调养，终使病魔退避三舍。当身体逐步重新恢复到正常状态后，他不甘心过早成为社会的行尸走肉般的累赘。他又重新坐在电脑前不知疲倦地工作起来。华青对我说："人的生命是有限的，而有限的生命则是十分宝贵的，为了活得更有意义，我会顽强抗争，自强不息，决不轻言放弃！"是的，这就是我所熟识的华青加。

隔行如隔山。说了这许多，也许有些话说得可能不合时宜，还望行家多多指教。

作为一名老新闻工作者，我衷心希望华青加同志的这部《藏族酒曲》译作在藏文化建设方面发挥出应有的作用。

意犹未尽，聊以为序。

2017 年 6 月 16 日

赵得录，享受国务院特殊津贴专家，退休前曾任青海日报社党组书记、社长、总编辑和省记协主席。

目录

CONTENTS

贰 高处那座山是雪山

壹

金箱子上落金鸟

青稞箱上落鹦鹉

鹦鹉不留要飞走

留下青稞箱作福物

卫藏的大殿去年落成

卫藏的大殿去年落成
殿堂的金顶今年安装
欢庆的典礼今天举行

汉地的金城去年建成
城头的阁楼今年完工
欢庆的典礼今天举行

两家的亲缘去年提起
酒瓶和哈达今年解开
喜庆的婚宴今天举行

岭上的水和沟中的水

岭上的水和沟中的水

水源不同各有各的源

水质不同各有各的味

条条江河汇聚于大海

皆因美好夏天而汇聚

上层的云和下层的云

来源不同各有各的源

去处不同空中自悠然

片片云朵汇聚于天空

皆为天降甘雨而汇聚

山里的人和川里的人

村落不同各有各的家

口音不同各讲各的话

今天大家相聚在这里

皆逢和谐盛世来相聚

鹞翎鹫翎和岩雕翎

鹞翎鹫翎和岩雕翎

竹矢上结为三兄弟

祈愿永远做好兄弟

美衣袈裟和尖顶帽

上师穿戴上最好看

祈愿上师永享安康

汉族藏族和蒙古族

劳动中结为好兄弟

祈愿世代和睦团结

青涩小子有三愿

青涩小子有三愿

一愿头上的狐帽好看

二愿三叉枪又快又准

三愿腰间的子弹无数

这是青涩小子的三愿

未嫁姑娘有三愿

一愿袍子水獭边子宽

二愿珊瑚项链串数多

三愿未来婆婆心肠善

这是未嫁姑娘的三愿

三夏的头一个月里

三夏的头一个月里

大地开满了赛钦花

是上师进藏的好时节

三秋的头一个月里

庄稼丰收喜气洋洋

是小伙出门的好时节

冬天三个月的首月

河面结下晶莹的冰

是姑娘出嫁的好时节

歌手我从东边来

歌手我从东边来

就像太阳一路照耀

唱一首充满温暖的歌

歌手我从南边来

就像青龙一路吟吼

唱一首美名传扬的歌

歌手我从北边来

就像杜鹃一路啼叫

唱一首赞颂幸福的歌

说起漂亮中的漂亮

说起漂亮中的漂亮

狐狸的毛色真漂亮

微风习习毛色更漂亮

说起可爱中的可爱

草地的羊羔真可爱

野花飘香羊羔更可爱

说起热闹中的热闹

喜庆的筵席真热闹

宾客一起歌舞更热闹

骏马的背上没图案

骏马的背上没图案
备上鞍子即是图案
金边的马鞍更美观

壮士的背上没图案
背上快枪即是图案
腰挎子弹袋更英武

姑娘的背上没图案
戴螺辫饰即是图案
戴珊瑚项链更漂亮

唱圆歌就唱一首圆歌

唱圆歌就唱一首圆歌

天上的日月圆又圆

千万繁星围绕着日月

祝繁星永远围绕日月

唱圆歌就唱一首圆歌

脚下的大地圆又圆

大地处处是花草树木

祝花草树木四季常青

唱圆歌就唱一首圆歌

今天的筵席圆又圆

席边坐满了姑娘小伙

祝吉庆筵席歌声不断

我给老人们唱首歌

我给老人们唱首歌

口不停念诵嘛呢时

手别停加油拨念珠

当阎王使者到来时

只有嘛呢是阴间的旅伴

我给同庚们唱首歌

口不停念三皈依时

手别停弯弓练射箭

当敌人来到跟前时

只有弓箭是护命的利器

我给姑嫂们唱首歌

口不停念诵度母时

别忘精心饲养牛羊

当三春发生饥荒时

只有牛羊是全家的依靠

二月后面是三月

二月后面是三月
到了三月中旬时
百灵鸟唱起悦耳歌
羊身上羊毛白如雪
是穿上氆氇的吉兆

四月后面是五月
到了五月中旬时
杜鹃唱起悦耳的歌
牦牛的乳头变松软
是品尝酸奶的祥兆

六月后面是七月
到了七月中旬时
镰刀发出悦耳之声
金色的粮食堆满仓
是年年有余的瑞兆

掌管村务的干事们

掌管村务的干事们

上要尊重长者问计

下要帮扶困难家庭

只有这样脸上才有光

负责家事的户主们

上要孝顺父母老人

下要抚养教育儿女

只有这样脸上才有光

操持家务的主妇们

内要把屋子收拾好

外要把庭院扫干净

只有这样脸上才有光

蔚蓝的天空浩瀚无际

蔚蓝的天空浩瀚无际

玉龙自有战神来护佑

口含宝珠祝福万事如意

九千里雪域辽阔无边

雄狮自有战神来护佑

绿鬃飘拂祝福心想事成

连绵的山岭层峦叠嶂

村寨自有战神来护佑

同庚勇武祝福阖家幸福

野鸭出生在碧湖中

野鸭出生在碧湖中
却在山中慢慢变老
野鸭的心愿就此了却

骏马出生在牧场里
却在路上慢慢变老
骏马的心愿就此了却

姑娘生在母亲怀中
却在婆家慢慢变老
姑娘的心愿就此了却

天上的太阳金灿灿

天上的太阳金灿灿

照在身上暖在心里

太阳一心温暖人间

太阳的恩情如何报

夜空的明月亮盈盈

照在那边亮在这边

月亮一心照亮大地

月亮的恩情怎么报

年迈的双亲颤巍巍

人在家中心在儿女

一心盼儿女百事顺

父母的恩情如何报

金箱子上落金鸟

金箱子上落金鸟

金鸟不留要飞走

留下金箱作招财箱

银箱子上落银鸟

银鸟不留要飞走

留下银箱作招财箱

青稞箱上落鹦鹉

鹦鹉不留要飞走

留下青稞箱作福物

头歌是金色宝塔

头歌是金色宝塔

由一千个善逝①所建

顶礼宝塔能除罪障

中歌是山口敖包

由一千个勇士所垒

祭敖包战神护佑你

尾歌是河上大桥

由一千个民工所修

架桥梁会诸事遂愿

---

①善逝：即依安乐大道菩萨乘，趋证安乐上果佛位者。

黄鸳鸯在湖里鸣叫

黄鸳鸯在湖里鸣叫

鸳鸯是指鸟的名字

黄色是指鸟的羽毛

上师的法衣也是黄色

黑乌鸦在山上鸣叫

乌鸦是指鸟的名字

黑色是指鸟的羽毛

头人的衣服也是黑色

妙高山耸入云天

妙高山耸入云天

山谷中草木繁茂

野兽出没此山真伟大

黄河滚滚向东流

汇聚了万千溪水

鱼獭欢游此河真伟大

大恩领袖毛主席

天生雄才谁能及

人民当家领袖真伟大

金黄色颈鬃的骏马

金黄色颈鬃的骏马啊

你是天上日月的坐骑

你奔跑起来快如疾风

犄角如青璁的野牛啊

是妙高山神祇的家畜

云雾深处你神采飞扬

甘露似的青稞美酒啊

你是宾主共同的饮品

喝一杯美酒赞美盛世

蔚蓝天空下扎一顶帐篷

蔚蓝天空下扎一顶帐篷

铺下红白两色云彩的毡

把日月迎进帐篷做嘉宾

青龙起来吧！咱一起歌舞

高大山岗上扎一顶帐篷

铺下野草野花编织的毡

把野牦牛迎进来做嘉宾

野牛犊来吧！咱一起歌舞

四方庭院里扎一顶帐篷

铺下红白两色的毪氇毡

把四沟的人请来做宾客

长辈们来吧！咱一起歌舞

卫藏地方兴起了教法

卫藏地方兴起了教法

教未兴前就有了海螺

是海螺引来了教法

中原汉地兴起了工业

没工业前就有了文字

是文字引来了工业

筵席上兴起了唱酒曲

没酒曲前就有了美酒

是美酒引来了酒曲

黄金看起来很少

黄金看起来少

虽少它却是珍宝

金碧辉煌的佛殿

全靠黄金来装饰

墨块看起来很小

虽小它却是珍宝

《甘珠尔》和《丹珠尔》

全都用它来写成

美酒看起来很少

虽少它却是珍宝

四方的新朋旧友

全都用它来招待

茫茫林海之中

茫茫林海之中

百鸟在自由飞翔

若不是森林的恩泽

哪里有这样的自由

碧玉般的湖泊中

鱼儿在自由遨游

若不是湖水的恩泽

哪里有这样的自由

中国的大家庭中

各民族自由幸福

若不是党的政策好

哪里有这样的自由

杜鹃在三山之顶啼鸣

杜鹃在三山之顶啼鸣

鸣啼声传遍了山川

大地处处春意盎然

天空降下那绵绵细雨

草木返青染绿大地

原野处处山花烂漫

北京城里传来了喜讯

亲切话语深入人心

各族兄弟喜笑颜开

百骏相聚在一个草原

百骏相聚在一个草原

能相聚是骏马的缘分

咀嚼青草心中美滋滋

野牛相聚在一座山上

能相聚是牛群的缘分

采食野花心中美滋滋

宾朋相聚在一场喜筵

能相聚是大家的缘分

把酒高歌心中美滋滋

头戴白毡帽的大山

头戴白毡帽的大山

太阳照亮时更雄伟

那是藏家信佛的预兆

山腰有旃檀药材树

三夏多雨时更茂盛

那是儿孙兴旺的预兆

山下是无垠的农田

麦浪起伏时更壮观

那是年年有余的预兆

蔚蓝天空宽又广

蔚蓝天空宽又广

天上青龙福寿绵长

此番不打雷待何时

巍峨雪山入云端

山中野牛福寿绵长

此番不吟吼待何时

吉祥的婚宴喜洋洋

慈祥的长辈福寿绵长

此番不唱酒歌待何时

我是天上一小龙

我是天上一小龙

虽发不出轰鸣的雷声

也想为蓝天留个念想

我是山中一牛犊

虽然发不出震耳吼声

也想为雪山留个念想

我是酒席上一歌手

虽然没有美妙的歌喉

也想为众人留个念想

鹿角是高处寻来的

鹿角是高处寻来的
羚角是低处配成的
中间相接的是弯弓
弓弦发出叮声心欢喜

鹰翎是高处寻来的
箭镞是低处配制的
中间连续的是竹竿
箭矢发出嗖声心欢喜

父辈是从高处下来的
姑嫂是从低处上来的
中间穿插的是歌手
放声高歌一曲心欢喜

从日月山的西面

从日月山的西面
到青海湖的东面
是一片广袤的草原
那里是我可爱的家园

共产党就像太阳
照亮了牧区的山水
马牛羊洒满了草原
这就是幸福的源泉

家里养着骏马的人们

家里养着骏马的人们

别拴在圈中舍不得骑

今天是咱骑马的日子

华服搭在架上的人们

别搭在架上舍不得穿

今天是着盛装的日子

腹中藏有酒曲的人们

别藏在肚里不愿意唱

今天是唱酒曲的日子

蓝天有里层和外层

蓝天有里层和外层

加上云霞总共有九层

苍龙不在蓝天会在哪里

山岭有里层和外层

加上片石总共有九层

野牛不在山岭会在哪里

喜筵有里层和外层

加上宾朋总共有九层

歌手不在席上会在哪里

福贵人家有三兄弟

福贵人家有三兄弟

三兄弟个个有出息

智慧的兄弟上卫藏

为佛法兴旺添光彩

聪明的兄弟下汉地

为发展商贸添光彩

勤劳的兄弟家中留

为传承家业添光彩

高山被大雪覆盖

高山被大雪覆盖

白雪化作了美酒

把美酒敬给长辈喝

山腰被森林覆盖

树叶变作了茶叶

把茶水端给同庚喝

山下种满了青稞

青稞磨成了糌粑

把糌粑端给阿妈吃

上师是祥瑞的高山

上师是祥瑞的高山

慈悲是如意的珍宝

教诲是心想事成的福音

愿人人诸事遂愿增福报

喜筵是祥瑞的高山

长辈是如意的珍宝

歌声是心想事成的福音

愿人人诸事遂愿增福报

这是碧蓝天空的筵席

这是碧蓝天空的筵席

小龙我今天专程赶来

雷今天不响更待何时

这是雄伟高山的筵席

野牛我今天专程赶来

今天不列阵更待何时

这是吉祥人家的筵席

歌手我今天专程赶来

歌今天不唱更待何时

载歌载舞上青天

载歌载舞上青天
小龙舞动我也舞

载歌载舞上高山
野牛舞动我也舞

载歌载舞进喜筵
同庚舞动我也舞

骑马就要在阳世间骑

骑马就要在阳世间骑

阴间哪里有骑马的人

要问为啥没有骑马的人

没有一小块平地的阴间

怎会有骑马飞奔的地方

华服就要在阳世间穿

阴间哪有穿华服的人

要问为啥没有穿华服的人

没有拇指大的人的阴间

怎么会有身穿华服的人

唱歌就要在阳世间唱

阴间里哪有唱歌的人

要问为何没有唱歌的人

连一滴酒都没有的阴间

怎么还会有唱歌的场合

三角的山峰刺破青天

三角的山峰刺破青天

那是日月出行的路标

也是森林茂盛的本源

草原的尽头连着道路

那是骏马飞奔的大道

也是四蹄如风的本源

甘醇的美酒连着喜筵

那是放声高歌的伴侣

也是姻缘美满的本源

给白马搭个护身咒结

不给白马搭个护身咒结
保佑草原的神祇不高兴

不把头碗茶供奉给家神
保佑家族的家神不开心

歌手要是不唱上一首歌
在座的四方宾客不乐意

上方的门是正法的门

上方的门是正法的门

正法门要用熏香来打开

祈愿正法不要有余欠

中间门是雍仲苯之门

苯教门要用金子来打开

祈愿一生一世享平安

下方门是紫色姻缘门

姻缘门要用酒曲来打开

祈愿家门幸福永吉祥

我手中这碗陈年酒

我手中这碗陈年酒

是神仙酿造的甘露

长辈们喝了长智慧

从此口才出众善言辞

我手中这碗清月酒

是战神酿造的灵酒

青年们喝了胆气壮

从此身手矫健善骑射

上师是塔尖的日月

卫藏①是金子的宝塔

上师是塔尖的日月

卷卷佛经是塔的内藏

修行是献给宝塔的哈达

愿无垢佛法永久驻世

藏家是海螺的宝塔

父母是塔尖的日月

儿女子孙是塔的内藏

和睦是献给宝塔的哈达

愿雪域藏家吉祥如意

①卫藏：前藏和后藏，旧时称西藏为卫藏。

白雪狮在雪山深处

白雪狮在雪山深处
鬃毛飘拂在颈肩上
众多狮崽围绕着它
这福分是自然天成

猛虎在茫茫林海中
闪亮斑纹在后背上
众多虎崽围绕着它
这福分是自然天成

长辈们坐在座首上
甘醇美酒斟满龙碗
儿女子孙围绕着他
这福分是自然天成

皑皑雪山越来越白了

皑皑雪山越来越白了

雪狮颈鬃越长越硬了

巍巍雪山是雄狮的乐园

茫茫林海越来越密了

猛虎斑纹越来越美了

茫茫林海是猛虎的乐园

各族兄弟越来越亲了

现代化步伐越来越快了

伟大祖国是人民的乐园

像金佛塔一样矗立

像金佛塔一样矗立的
是雄伟的阿尼玛卿雪山
那是藏家永远幸福的象征

像白绫带一样系着的
是奔腾的黄河和长江水
那是滋润雪域的生命之水

巍峨的东山顶上

巍峨的东山顶上

黎明的曙光渐渐亮

那是迎接太阳的使者

是万物生长的好兆头

河岸的柳树树梢上

杜鹃发出悦耳的叫声

那是迎接四月的使者

是瓜果飘香的好兆头

百鸟飞到山岩的那天

百鸟飞到山岩的那天
鸟儿个个敏捷如闪电
明天飞往何处难知晓
即便知晓也难在一处

野牛聚集山岭的那天
请把山岭的阶梯记牢
明日前往何处难知晓
即便知晓也难在一山

弟兄们欢聚的那一天
不要把酒歌藏在心里
明日身在何处难知晓
即便知晓也难在一起

尊贵的长辈请慢用

像金子一样金黄的

是卫藏酿的小麦酒

尊贵的长辈请慢用

像宝石一样发光的

是安多酿的青稞酒

远方的宾客请慢用

像海螺一样洁白的

是汉家酿造的米酒

重情的弟兄请慢用

贰

高处那座山是雪山 ·········

下方的山是川里的山

那是播撒青稞的地方

是青稞化为美酒的地方

甘醇的美酒是牧人的骄傲

那是歌手歌声嘹亮的象征

水晶般透明的雪山上

水晶般透明的雪山上

肩头长满鬃毛的雪狮

寒风中鬃毛飘拂真威武

旃檀的茫茫林海里

猛虎的斑纹亮闪闪

斑纹闪闪猛虎真威武

吉祥如意的筵席上

身着盛装的小伙们

体魄健壮个个真威武

长辈叔伯生肖属龙

长辈叔伯生肖属龙

雷声一年比一年洪亮

雨水一年比一年丰沛

天下苍生越过越美好

同庚弟兄生肖属虎

老虎一年比一年更勇猛

虎纹一年比一年更鲜艳

勇士的武艺年年有长进

年轻姑娘生肖属羊

羊羔一年比一年增多

畜产品一年比一年丰富

牧民的日子越过越富裕

上师是吉祥妙高山

上师是吉祥妙高山

慈悲心肠是如意宝

谆谆教诲祈愿诸事顺

今天是心愿实现的日子

筵席是吉祥妙高山

白发长者是如意宝

奶茶美酒祈愿诸事顺

今天是梦想成真的日子

像金色太阳一样耀眼的

像金色太阳一样耀眼的

是卫藏上师举行的法会

卫藏是显密佛教的源头

那里是修行的最佳去处

像银色月亮一样明亮的

是中国皇帝的白银宝座

那里是分辨善恶的地方

那里是安居的最好地方

像璀璨群星一样闪烁的

是雪域高原上的万户庄

那里是歌和舞蹈的源头

是欢歌劲舞的最好地方

蔚蓝天空中搭一顶帐篷

蔚蓝天空搭一顶帐篷
里面铺下云霞的彩毡
请来太阳和月亮作客
先由小龙起头唱赞歌

高山顶上搭一顶帐篷
里面铺下洁白的毛毡
请来金翅大鹏鸟作客
先由杜鹃起头唱赞歌

大地中央搭一顶帐篷
铺下有图案的氆氇毡
请来慈祥的长辈作客
先由歌手起身唱赞歌

报恩的马主稀缺

上坡下坡走平地

恩情重不过骏马

愿报恩的马主稀少

今生来世和中阴

恩情重不过上师

愿报恩的施主稀少

挨冻饥饿和口渴

恩情重不过父母

愿报恩的儿女稀少

卫藏是金子的宝塔

卫藏是金子的宝塔

塔尖日月是杰瓦班钦

塔内藏的是无垢正法

用歌声颂扬正法的福祉

在中部的多康六岗

诞生了雄狮王格萨尔

他的内心藏无数神箭

用歌声颂扬灭敌的福祉

雪山如洁白的佛塔

雪山如洁白的佛塔

不作比喻你不明白

作了比喻你就会知道

那是父辈祭奠战神处

草地如铺开的锦缎

不作比喻你不明白

作了比喻你就会知道

那是同龄赛马的地方

圣湖像消融的酥油

不作比喻你不明白

作了比喻你就会知道

那是姑嫂供奉美食处

在吉祥的乌仗那地方

在吉祥的乌仗那地方

诞生了莲花生大士

莲士降伏了魑魅魍魉

留下了珍宝显密佛教

莲师的恩情如何报答

在卫藏的吉隆地方

诞生了米拉热巴尊者

隐匿深山一心勤修持

留下虔诚修行的圣迹

尊者的恩情如何报答

天上出现了三道彩虹

天上出现了三道彩虹

那是上师诞生的祥兆

一道道彩虹五色齐全

那是充满智慧的祥兆

高山顶上云雾缭绕

那是高官诞生的祥兆

片片祥云飘游在青空

那是治理有方的祥兆

赤岩上落下了雄鹰

那是父辈有福的祥兆

雄鹰在天空翱翔万里

那是延年益寿的祥兆

青山是野牛常栖的山

青山是野牛常栖的山
牛角漂亮仰仗青山恩
对于野牛而言
青山如父恩情深似海

碧湖是鱼儿常栖的湖
鱼群遨游仰仗湖水恩
对于鱼儿而言
湖泊如母恩情深似海

这里是我生长的地方
幸福全仰仗党的恩情
对于人民而言
党如父母恩情深似海

晨光照射在山岩上

晨光照射在山岩上

阳光像彩虹般美丽

恰似上师穿上了美衣

这是吉祥天成的山岩

午光照射在河面上

河水就像水晶的宝镜

恰似给神佛供献了净水

这是吉祥天成的河流

夕阳照射在草地上

朵朵格桑花格外鲜艳

草地像彩虹织就的锦缎

这是吉祥天成的草地

云雾山中神祇常居

云雾山中神祇常居

神祇是苍生的依怙

请高呼着绕山转三圈

今生平安神祇来护佑

冒气的湖中有鱼獭

湖水是珍宝的源泉

请施以祭龙食子和香

今生的幸福湖水赐予

有福的父母儿孙多

拉扯儿女含辛茹苦

若有美食先让父母吃

今生一切是父母给的

高大的山虽是须弥山

高大的山虽是须弥山

我想要的却是一座草山

因为草山是牛羊的依靠

壮观的河流虽是黄河

我想要的却是一条溪流

因为溪流是田地的依靠

世人敬仰的人是国王

我敬仰的是大恩父母

因为父母是孩子的依靠

高处那座山是雪山

高处那座山是雪山

那是雄狮傲立的地方

是风中鬃毛飘拂的地方

漂亮的颈鬃是雄狮的骄傲

那是父辈勇敢无畏的象征

中间那座山是林山

那是猛虎腾跃的地方

是斑纹闪闪发亮的地方

漂亮的斑纹是猛虎的骄傲

那是勇士勇猛无畏的象征

下方的山是川里的山

那是播撒青稞的地方

是青稞化为美酒的地方

甘醇的美酒是牧人的骄傲

那是歌手歌声嘹亮的象征

一座大山有三个顶峰

一座大山有三个顶峰

最高的峰上有鹫巢

叔伯们如灵鹫聚到这里

讲话不求人是咱的福气

中间的峰上有鹃巢

弟兄们如雏鹃聚到这里

做事不求人是咱的福气

下方峰上有喜鹊巢

姐妹们如喜鹊聚到这里

美食不求人是咱的福气

万里青空中没有上师

万里青空中没有上师

有龙就好比有了上师

黄云即是上师的袈裟

天降甘雨是如意妙果

茂密林海中没有上师

有虎就好比有了上师

绿叶即是上师的袈裟

串串野果是如意妙果

喜庆筵席上没有上师

有长辈好比有了上师

白哈达是上师的袈裟

青稞美酒是如意妙果

东方宝山的山顶上

东方宝山的山顶上

升起了金灿灿的太阳

阳光照耀五谷喜丰收

用歌声赞美太阳之恩

东方宝山的山腰间

升起了银白色的皎月

月光驱散了黑色乌云

用歌声赞美月亮之恩

东方宝山的山脚下

上师端坐在法座上

心中装满众生的痛苦

用歌声赞美上师之恩

上方富庶的山林中

上方富庶的山林中

百鸟欢啼自由飞翔

若不是山林的恩泽

哪里有这样的幸福

绿松石般的湖水中

鱼在水中尽情遨游

若不是湖水的恩泽

哪里有这样的幸福

咱民族众多的中国

各个民族平等自由

若不是党的政策好

哪里有这样的幸福

在印度的菩提树下

在印度的菩提树下

诞生了释迦牟尼佛

佛讲的八万四千法蕴

是咱众生永恒的福分

在拉萨的布达拉宫

安住着观世音菩萨

观音赐予的六字真言

是咱不堕地狱的福分

雄伟的宗喀吉日山下

诞生了至尊宗喀巴

《菩提道次第广论》

是众生分辨因果的宝镜

卫藏是《甘珠尔》和《丹珠尔》

卫藏是《甘珠尔》和《丹珠尔》

布达拉是红色夹书板

噶卡①是诸事遂愿的保障

唱首愿每天诸事遂愿的歌

汉地的城池四方四正

城墙上装饰着绿瓦

法令是诸事遂愿的保障

唱首愿每天诸事遂愿的歌

安多的佛塔四方四正

佛塔上粉刷了白色泥浆

"擦擦"②是诸事遂愿的保障

唱首愿每天诸事遂愿的歌

①噶卡：噶卡是藏文三十个字母中开头两个字母的音译，
这里泛指藏文。
②擦擦：用模型印造的神塔小像。

一供再供蔚蓝的天空

一供再供蔚蓝的天空

若问为何要供奉蓝天

那是日月行走的大道

大地生辉是日月的恩情

一供再供广袤的草场

若问为何要供奉草场

那是草木生长的根本

牛羊肥壮是草场的恩情

一供再供慈祥的父母

若问为何要供奉父母

那是儿孙幸福的源泉

健康成长是父母的恩情

东方升起金色的太阳

东方升起金色的太阳

灿烂的阳光照亮牧场

牧人把赞歌唱给太阳

好政策又回到了雪域

高原大地旧貌换新样

心中的歌唱给共产党

用"高"来赞美蓝天时

用"高"来赞美蓝天时

蓝天要用彩云来赞美

彩云朵朵景象多壮观

用 "快"来赞美快速时

骏马要用清风来赞美

尘埃过后景象多壮观

用 "奢"来赞美奢华时

袍边子要用水獭来缀饰

水獭皮宽窄得体多好看

红狐皮毛色真好看

红狐皮毛色真好看

去年还在高山赤岩上

今年已戴在了阿舅头上

戴狐皮帽的阿舅造化大

龙纹的深绿色缎子

去年还在商人店铺里

今年已穿在了姑姑身上

穿上缎袍的姑姑造化大

镶嵌着宝石的腰刀

去年还在铁匠风匣旁

今年挎在了小伙的腰间

腰挎宝刀的小伙造化大

圣地拉萨搭了一顶帐篷

圣地拉萨搭了一顶帐篷

里面堆满珍宝似的佛经

灿烂的阳光照耀着帐篷

祝帐中的上师贵体安康

大草原上搭了一顶帐篷

帐外撒满珍珠般的羊群

灿烂的阳光照耀着帐篷

祝帐中的长辈贵体安康

中原汉地搭了一顶帐篷

帐外站满了威武的军队

灿烂的阳光照耀着帐篷

祝帐中的统帅贵体安康

三面阳坡上有三座塔

三面阳坡上有三座塔

那是三个上师的杰作

愿佛塔护佑天下苍生

三个垭口有三座拉则

那是三好汉的祭神处

愿敖包护佑三条好汉

三条山沟里有三眼泉

那是三个姑娘舀水处

愿山泉水永远不干涸

雄浑的雪山顶上

雄浑的雪山顶上

雪狮坐在宝座上

雪狮是山中百兽王

也是天上苍龙的对手

紫色的岩石山岭中

大鹏鸟坐在宝座上

大鹏鸟是空中禽类王

也是凶恶毒蛇的天敌

繁华的北京城里

领袖坐在宝座上

他是各民族的父母

也是腐败分子的天敌

卫藏圣殿的右面

卫藏圣殿的右面

金兰札字①分外耀眼

兰札好比金色的太阳

汉地城池的左面

银兰札字分外耀眼

兰札好比皎洁的月亮

雪域藏家的佛堂里

六饰玻璃窗分外明亮

六饰玻璃窗好比昴宿②

①兰札字：兰札字是指古印度天城体梵文字。7世纪时大
学者吞米·桑布札据此字体创制了藏文的楷书字形。
②昴宿：星宿名，二十八星宿之一。

享用美味的羊肉时

享用美味的羊肉时

忘不了草原的恩情

喝着香甜的奶茶时

忘不了牝犏的恩情

端着甘醇的美酒时

忘不了田地的恩情

卫藏上师的寺庙里

卫藏上师的寺庙里

有金汁写的兰札字

圣地卫藏处处闪金光

汉地坚固的城墙上

有银汁写的兰札字

中原汉地自古多富豪

高原藏人的家门口

吉祥的经幡迎风飘

高原向来有战神守护

蓝天上生长着一棵树

蓝天上生长着一棵树

枝繁叶茂遮住了天空

那是十万天童的摇篮

是梵天王华丽的宫殿

高山上生长着一棵树

枝干发达伸向了四方

那是十万雏鸟的摇篮

是金翅鸟华丽的宫殿

大海中生长着一棵树

根系发达伸展到海底

那是十万幼龙的摇篮

是海龙王华丽的宫殿

太阳、月亮和星星

太阳、月亮和星星

初升的时候都一样

照射的光亮却不同

皆因造化有大有小

小麦、谷子和杂草

发芽生长时都一样

结下的籽实却不同

皆因造化有大有小

上师、官员和平民

初来人世时都一样

各自的能量却不同

皆因造化有大有小

三十五尊神在拉萨

三十五尊神在拉萨

在拉萨布达拉上空

不是上师就难叩拜

细微的沙金在地下

隐在河岸的泥沙里

没有财运就难寻觅

红色的珊瑚在都市

摆在富商的店铺里

没有福气就难戴上

如水晶宝塔般矗立的

如水晶宝塔般矗立的

是阿里的冈底斯雪山

那是吉祥胜乐的宫殿

朝拜它能消"身"的罪障

如璁玉宝镜般明亮的

是江孜的羊卓雍措湖

那是供千尊佛的净水

朝拜它能消"语"的罪障

像五弟兄"哇卡"①一样的

是佛教的圣地五台山

那是文殊菩萨的住地

朝拜它能消"意"的罪障

①哇卡：藏语，即人们外出时在野外临时搭建的锅灶。

布达拉宫的上空

布达拉宫的上空

出现了五色的彩虹

那不是五色的彩虹

是观世音菩萨的身影

在圣地五台山

小小银铃叮叮作响

那不是银铃发出的声音

那是文殊菩萨的说法声

上师是利乐的源泉

上师是利乐的源泉
今生安乐上师所赐
阴间之路上师指引
尊师之恩重如山

大海是财富的宝藏
红珊瑚就在深海中
万千生灵在海中生
大海之恩重如山

母亲是安乐的源泉
怀胎九月受尽了苦
甘甜的乳汁喂养我
慈母之恩重如山

晴朗明丽的天空中

晴朗明丽的天空中
火红的太阳照大地
万里河山充满阳光

东方高高的山顶上
银色皎月慢慢升起
驱散了长夜的黑暗

北京城里的党中央
把好政策传播四方
人民过上了好日子

我手中的这只酒瓶

我手中的这只酒瓶

瓶上图案是八吉祥徽

里面盛着甘露的美酒

今天把它敬给众宾客

我手中的这只茶碗

碗上图案是稀世七珍①

里面盛着飘香的奶茶

今天把它敬给众宾客

我手上的这条哈达

两头是盛开的莲花

中间图案是千尊佛像

今天把它献给众宾客

①七珍：旧时被视为稀世珍宝的七种器物：国王耳饰、皇后耳饰、犀牛角、珊瑚树、象牙、大臣耳饰和三眼宝石。

金太阳是蓝天的灵魂

太阳是蓝天的灵魂

就像南瞻部洲的父母

因为有了太阳的光辉

冬天不怕寒冷来侵袭

江河是大地的灵魂

就像万顷良田的父母

因为有了江河的滋润

暑天不怕烈日的炙烤

长辈是部落的灵魂

就像同庚弟兄的父母

因为有了长辈的教诲

危难时不用心慌意乱

蓝天是迷人的仙女

蓝天是迷人的仙女
云霞是白绸的美衣
蓝天的光华多奇妙

冈仁波齐是擎天柱
雪花是神山的头盔
冈底斯山脉多雄伟

党是咱百姓的爹娘
大团结好比吉祥结
幸福的生活多美好

金鱼儿对称的宝瓶里

金鱼儿对称的宝瓶里

灌满了醇香的青稞酒

为表达心中感恩之情

把美酒敬给伟大的党

紫玛瑙对称的宝壶里

舀满了喷香的酥油茶

为表达心中感恩之情

把酥油茶敬给解放军

古印度的圣地灵鹫山

古印度的圣地灵鹫山

是释迦牟尼的居住地

八位声闻弟子围着他

是故正法具有大神力

八瓣莲花的圣地净土

是邬坚莲师的居住地

八位持明围着他就坐

是故正法具有大神力

圣地拉萨的布达拉宫

是救度佛母的居住地

千位仙女围着她就坐

是故正法具有大神力

卫藏圣洁的净土上

卫藏圣洁的净土上
有二智圆满的上师
摘帽向上师三顶礼
惟有他能保佑今生来世

三十三天的神域中
有天界之主帝释天
把美味佳肴供奉给他
惟有他能赐如意妙果

今天筵席的首座上
有笑容满面的父母
把美食先端给父母亲
是父母亲把咱拉扯大

蓝天上星星千百万

蓝天上星星千百万

好比是各民族兄弟

团结一心前程更美好

草原上花朵千百万

好比是牛羊马三畜

牛羊肥壮生活更美好

大地上草木千百万

好比是宝贵的五谷

大地丰收人民更幸福

蓝天上有三个光源

蓝天上有三个光源

三个光源是日、月、星辰

太阳的光辉照亮全世界

卫藏有三个具神力宝

三具神力宝是释迦三尊

释尊的加持力遍布全藏

亮不过天上的太阳

亮不过天上的太阳

毛主席的伟大思想

比那金太阳还明亮

照得咱心中亮堂堂

高不过喜马拉雅山

共产党的如山恩情

比喜马拉雅山还要高

咱百姓有了幸福日子

蓝蓝的天上星星多

蓝蓝的天上星星多

各自闪烁位置虽不同

却围绕着银色的明月

辽阔大地上河流多

各自流淌水源虽不同

最终汇聚在蓝色大海

伟大的中国民族多

语言和信仰虽不同

各民族一心跟着党走

雪山巍巍昂首笑

雪山巍巍昂首笑

大小山峰合掌颂

咱草原上的牧人

把赞歌唱给共产党

黄河奔腾一路歌

大小河流合掌颂

咱乡村里的乡亲

把赞歌唱给共产党

辽阔无边的大草原

辽阔无边的大草原

假若没有雨水的滋润

清澈的山泉就会断流

清香的牧草难以生长

大山沟沟里的农村

假若没有党的好政策

农业生产就停滞不前

幸福日子就没有保障

叁

蓝天是未修建的佛殿 ··········

草地是未打造的木桌

山泉是未供献的净水

檀香木是没点燃的香

供品浑然天成不用献

如果天上没有云彩

如果天上没有云彩

哪有雨水滋润大地

要是大地失去水分

世间万物何以生长

如果不是党的英明

高原上的藏族儿女

无论如何也过不上

这赛过天堂的日子

巍然矗立的喜马拉雅

巍然矗立的喜马拉雅

珠峰虽高终究有山顶

党的恩情如浩荡东风

一定高过雄伟的珠峰

滔滔奔流的雅鲁藏布

奔腾万里终究有源头

党的恩情如浩荡东风

一定长过那雅鲁藏布

今晨我从家里出发

今晨我从家里出发

路上遇见一碗鲜酸奶

蘸奶向天虔诚弹三指

恭敬祈愿三宝来护佑

今晨我从家里出发

途中遇到一条溪流

舀水向天虔诚供三碗

恭敬祈愿战神来护佑

今晨我从家里出发

半路遇到一顿美餐

蘸食向天虔诚弹三指

恭敬祈愿灶神来护佑

勤劳勇敢的父辈

要是打个比方的话

咱勤劳善良的父辈

犹如绿鬃搭在肩头

傲立于雪山的雄狮

要是打个比方的话

咱情同手足的弟兄

好似斑纹闪闪发亮

在林中腾跃的猛虎

要是打个比方的话

咱能歌善舞的姐妹

就像悦耳之音不断

鸣啼在林中的百灵

卫藏无垢清净界

卫藏无垢清净界

有第二佛陀宗喀巴

万千僧众在侍奉大师

愿僧众永世侍奉大师

汉地清净五台山上

有智慧之佛文殊菩萨

万千香客在供奉文殊

愿香客永世供奉文殊

雪域藏人的家园

诞生了雄狮格萨尔王

万千勇士在大王麾下

愿勇士永世跟随大王

太阳是天空的如意宝

太阳是天空的如意宝

阳光灿烂温暖全世界

山泉是大地的如意宝

涓涓细流滋润四海田

党是咱人民的如意宝

政策英明生活比蜜甜

江河是大地的血液

江河是大地的血液

如同土地的恩重父母

有江河不怕旱魔肆虐

江河的恩情永不忘记

雨水是草原的希望

如同牛羊的恩重父母

有甘雨不怕草木不生

雨水的恩情永不忘记

党是咱人民的靠山

如同百姓的恩重父母

有党不怕敌人来侵犯

共产党的恩情永不忘

蓝天上的这轮金太阳

蓝天上的这轮金太阳

阳光灿烂照耀全世界

祈愿太阳永世照人间

万里长空中的这小龙

四月的夏天吼声震耳

祈愿一年年风调雨顺

聪明又礼貌的儿女们

健康成长父母好幸福

祈愿幸福永世无终结

行走如飞的野骡

行走如飞的野骡啊

你是天上日月的坐骑

步子快如疾风真漂亮

角如青玛瑙的野牛啊

你是那妙高山的家畜

紫角弯弯走动更好看

璁玉色的甘露美酒啊

你是宾主双方的共享

边唱酒曲边饮酒更美

三角形山峰刺入云天

三角形山峰刺入云天

你是日月出行的好友

也是森林茂盛的根本

道路的尽头连着平滩

你是骏马飞奔的好友

也是具备步伐的根本

美酒的精华连着筵席

你是放声高歌的好友

也是筵席欢乐的根本

蓝天共有十八层

蓝天共有十八层

头一层里有青龙

中间一层中有甘雨

风走上前去迎接雨水

今天不下雨更待何时

紫山共有十八层

第一层里有山泉

中间一层有野牛群

青草是百牛的迎接者

牛群今不列阵更待何时

乡村共有十八层

第一层里有父母

中间一层里有同龄

摆上美食和酒迎接客人

酒曲今天不唱更待何时

野牝牦生下的牛犊

野牝牦生下的牛犊

走到哪儿随时玩斗角

不愧为野牦牛的后代

野牝骡生下的骡驹

走到哪儿随时玩蹦蹄

不愧为野骡子的后代

善歌母亲生下的儿女

走到哪儿随时练歌舞

不愧为金嗓子的后代

这里是蓝天家的筵席

这里是蓝天宫的筵席

我要用甘雨般的热情

迎接青龙一样的宾客

这里是青山殿的筵席

我要用鲜花般的热情

迎接野牦牛似的宾客

这里是长辈家的筵席

我要用美酒般的热情

迎接远道而来的宾客

卫藏搭建了金座

卫藏搭建了金座

金座上刻有金字

见者虽多会念者少

会念的人是根本上师

汉地搭建了银座

银座上刻有银字

见者虽多会念者少

会念的人是朝中高官

故乡搭建了螺座

螺座上刻有螺字

见者虽多会念者少

会念的人是贤良父辈

在那雪山顶上

在那雪山顶上
雪狮坐在宝座上
它是百兽的父母
也是青龙的对手

在那紫山顶上
大鹏坐在宝座上
它是百鸟的父母
也是毒蛇的天敌

在那北京城里
领袖住在中南海
他是各民族的父母
也是腐败者的天敌

我给上师们献一首歌

我给上师献一首歌

您手持天成的宝瓶

瓶中注有吉祥圣水

这是上师

法事成功的祥兆

我给长辈献一首歌

您手持天成的龙碗

碗里斟着青稞美酒

这是长辈

心想事成的祥兆

我给姑娘献一首歌

你手持松木的奶桶

奶桶里挤满了牛奶

这是姑娘

心事遂愿的祥兆

印度孔雀的翎毛

印度孔雀的翎毛

汉地的白银宝瓶

两者出处虽不同

却相逢在上师座前

克什米尔的红花

雪域高原的山泉

两者出处虽不同

却相逢在宝瓶瓶口

擦瓦绒的竹子

白岩雕的翎毛

两者来源虽不同

却相逢在花虎洞口

列次座首搭设了金座

列次座首搭设了金座

金座上面有至尊慈氏

千名黄帽僧在侍奉他

祈愿来世转生此刹土

列次中段搭设了银座

银座上有莲花生大士

千名持橛者①在侍奉他

祈愿来世转生此刹土

列次末座搭设了玉座

玉座上有圣救度母佛

千名妇女在侍奉着她

祈愿来世转生此刹土

①持橛者：意为宁玛派佛教徒。

释尊金像是塔顶日月

卫藏是金子的宝塔

释尊金像是塔顶日月

色、哲、噶①为塔腰层级

普明佛法是塔的内藏

汉地是银子的宝塔

圣明皇上是塔顶日月

威武将士为塔腰层级

法典是塔的内藏

筵席是海螺的宝塔

长辈是塔顶日月

同侪是塔腰的层级

美酒是塔的内藏

①色、哲、噶：位于拉萨附近的格鲁派三大寺，即色拉、
哲蚌和噶丹三大寺的简称。

筵席列次的座首上

筵席列次的座首上

摆满了一盘盘美食

享用美食的官员福大

端盘倒茶的同龄赓寿长

筵席列次的中段

碗中斟满了美酒

享用美酒的长辈福大

端盘倒茶的同龄赓寿长

筵席列次的末座

奶茶飘香冒着热气

享用美酒的姑嫂福大

端盘倒茶的同龄赓寿长

如镜的天池是其一

如镜的天池是其一
如飞的骏马是其二
善骑的青年是其三
三者齐全是咱的福

辽阔的草原是其一
满圈的牦牛是其二
如海的牛奶是其三
三者齐全是咱的福

伟大的祖国是其一
各民族团结是其二
生活比蜜甜是其三
三者齐全是咱的福

唱赞歌就唱赞歌

唱赞歌就唱赞歌

把赞歌唱给蓝天

顺带赞美日月星

唱赞歌就唱赞歌

把赞歌唱给大地

顺带赞美山和水

唱赞歌就唱赞歌

用歌声赞美长辈

顺带赞美同龄人

三山顶上杜鹃啼

三山顶上杜鹃啼

悦耳之音遍山川

大地处处春意浓

天上降下绵绵雨

草木生长山川绿

枝繁叶茂花千树

北京城里传喜讯

如今政策暖人心

各族人民笑开颜

黑乌鸦是鹏鸟之后

黑乌鸦是鹏鸟之后

鹏鸟之后永不衰老

虽衰老斑点依旧在

枣骝马是野骡之后

野骡之后永不衰老

虽衰老步伐依旧在

青年我是贤父之后

贤父之后永不衰老

虽衰老口才依旧在

如一缕晨光照射

如一缕晨光照射的
是拉萨释尊殿金顶

如羊群聚在一处的
是卫藏的三大寺庙

如雁阵缓缓前行的
是赴藏朝圣的香客

卧地黑熊似的大梁

卧地黑熊似的大梁

那好比是咱的父辈

金筷般竖立的中柱

那好比是咱的同龄

卧地羔羊似的柱石

那好比是咱的姑嫂

蓝天是未修建的佛殿

蓝天是未修建的佛殿

蟠龙是未塑造的佛像

白云是没打开的哈达

佛殿浑然天成不用建

山岭是未修建的佛塔

片石是未垒砌的层级

白雪是没粉刷的灰沙

佛塔浑然天成不用建

草地是未打造的木桌

山泉是未供献的净水

檀香木是没点燃的香

供品浑然天成不用献

金色觉沃是如意宝

金色觉沃①是如意宝

能工巧匠所塑造

帝释梵天是施主

释迦牟尼给开的光

是故金色觉沃神力大

圣洁的玛旁雍错湖中

安住有龙王顶上珍宝

一千只水獭作施主

三夏的雨水给开的光

是故玛旁雍错湖宽又广

金壶里的甘露美酒

由王妃森钦珠姆②酿造

雄狮格萨尔给开的光

是故甘露美酒酒劲儿大

①觉沃：藏语，释迦牟尼佛像之意。
②森钦珠姆：即格萨尔王的王妃珠姆。

海中捞出三枚海螺

海中捞出三枚海螺

一枚螺带到了拉萨

成了卫藏上师的法螺

每次吹响就举行法会

一枚海螺带到了汉地

成了中原将军的军号

每次吹响部队就集合

一枚海螺带到了藏域

成了藏人迎宾的螺号

吹响一次就聚会一次

云雾山有三座山峰

云雾山有三座山峰

首峰是长辈的神魂山

此峰常有狮子出没

狮子天生有颈鬃

是故长辈善言辞

中峰是同龄的神魂山

此峰常有老虎出没

老虎天生有斑纹

是故勇士豪气壮

下峰是姑嫂的神魂山

此峰自然生谷类

谷类天然具营养

是故食物甜又香

石山与柏树同乐

石山与柏树同乐

加噶丹野蒿再乐

唱首一再欢乐的歌

茶与牛奶同乐

加牦牛黄油再乐

唱首一再欢乐的歌

长辈与同龄同乐

加姑嫂姊妹再乐

唱首一再欢乐的歌

三山之顶长了一棵树

三山之顶上长了一棵树

那不是一棵普通的树

而是一棵如意宝树

果实被千片树叶围拢

那是上方天界的树种

蓝天上搭了一顶帐篷

那不是一顶普通帐篷

而是顶金太阳的帐篷

太阳被千条彩虹围拢

那是南瞻部洲的父母

长辈变老犹如树老

长辈衰老犹如树老

树虽老树叶依旧绿

同龄变老如同隼老

隼虽老羽毛依旧亮

姑嫂衰老如牝犏牦老

犏牦虽老酥油依旧黄

上方噶丹神宫中

上方噶丹神宫中

安住着至尊宗喀巴

正法日光普照全球

圣地莲花刹土中

安住着莲花生大士

讲修佛法雷声震天地

璁叶庄严刹土中

安住着圣救度母佛

使六道众生信佛法

北俱卢洲的人种

北俱卢洲的人种

比其他人种容貌美

这是前世忍辱的妙果

同龄若想长相美

坚修忍耐就有俊美相

东胜身洲的人种

比其他人种寿命长

这是前世忌杀生之妙果

同龄若想寿命长

放弃杀生就能长寿

南瞻部洲的人种

比其他人种福禄大

这是前世施舍的妙果

同龄若想福禄大

广施就能增福禄

黄帽僧有三严

黄帽僧有三严

头戴黄帽的满虚空

身着法衣的满中空

脚蹬粒皮靴的满大地

这便是黄帽僧的三严

如虎青年有三严

头戴白盔的满虚空

身着白铠甲的满中空

跨着骏马的满大地

这便是如虎青年的三严

姑娘家有三严

头戴狐帽的满天空

身着缎袍的满中空

操持家务的满大地

这便是姑娘家的三严

好牝马下了三匹马驹

好牝马下了三匹马驹

毛色漂亮的马驹被卖

善跑的马驹留在家中

没妈的马驹被赶出门

如今长大成白唇野骡

好牝牦下了三头牛犊

毛色漂亮的牛犊被卖

圆角的犏牛犊留家中

没妈的牛犊被赶出门

如今长大成了野牦牛

贤父母生了三个儿子

聪明儿子被送进学校

有福的儿子留在家中

没用的儿子被赶出门

如今成长为领导干部

蓝天是玻璃的屋宇

蓝天是玻璃的屋宇

青龙是屋子的家畜

白云是招福的彩箭

歌颂这吉祥的彩箭

山岭是玻璃的屋宇

野牛是屋子的家畜

花草是吉祥的彩箭

歌颂这吉祥的彩箭

西海是玻璃的屋宇

金鱼是屋子的家畜

哈达是吉祥的彩箭

歌颂这吉祥的彩箭

黄鸭在湖中鸣叫

黄鸭在湖中鸣叫

边叫边飞绕湖边

佛僧听了那是诵经声

乌鸦在山上鸣叫

边叫边飞绕城边

青年听了能壮英雄胆

杜鹃在林中鸣叫

边叫边飞绕林边

姑娘听了那是催嫁歌

方马头被辔头所饰

方马头被辔头所饰

从马鞍的前桥上

轻摇如虹的辔索多美气

阔马背被马鞍所饰

从走马的马背上

轻踩圆圆的马镫多美气

圆臀股被后鞦所饰

那嵌珠如虹的鞦带

紧扣在臀股上多美气

飞鸟的羽毛有无数

飞鸟的羽毛有无数

最美不过孔雀翎毛

孔雀翎成为金瓶之严

应是孔雀前生所积善业

人们观赏是孔雀的福报

水生的昆虫有无数

最美不过右旋海螺

海螺成为上师的法号

应是海螺前生所积善业

吹响它那是海螺的福报

好看的动物有无数

最美不过猛兽黑熊

熊皮毛成为咒师的眉帘

应是黑熊前生所积善业

戴头上那是咒师的特征

百鸟共同商议后

百鸟共同商议后

决定鸿雁安身湖中

这不是因分配所获

而是因鸿雁前生行善

家人共同商议后

决定让姑娘出嫁

这不是因分配所获

而是因姑娘前生积德

小僧念诵成名在卫藏

小僧念诵成名在卫藏

名扬卫藏返传入寺内

恩师听到后深感欣慰

勇士威名成就于沙场

名扬沙场返传入家乡

同龄人听后倍感自豪

姑娘美名成就于婆家

名扬婆家返传入娘家

父母听到后喜上眉梢

上师弟子和施主

上师弟子和施主

倘若上师心生傲慢

弟子中了邪生别心

施主被吝啬之结所缚

何来加持护佑

国王大臣和官吏

倘若国王昏庸无道

大臣腐败贪赃枉法

官吏谋私制造冤狱

何谈幸福生活

上山岭和下山岭

上山岭和下山岭

野牛刚刚到山岭

也是刚吃口青草

犄角闪闪请慢吃

上草地和下草地

骏马刚刚到草地

也是刚吃口青草

请放慢步子缓行

此列次和彼列次

父辈刚刚到酒席

也是刚端上酒碗

请慢慢唱首酒歌

蓝天是八辐状轮

蓝天是八辐状轮

唱一首八条辐的歌

大地是八瓣莲形

唱一首八花瓣的歌

庄园是四柱八梁

唱一首八柁梁的歌

蓝天是如意珍宝

蓝天是如意珍宝

蟠龙是珍宝的饰件

甘雨是珍宝的妙果

山岭是如意珍宝

野牛是珍宝的饰件

花草是珍宝的妙果

居屋是如意珍宝

歌手是珍宝的饰件

美酒是珍宝的妙果

骏马的臀股上

骏马的臀股上

饰有白银的宝镜

是故骏马步伐稳

雄狮大王格萨尔

千尊战神围着他

是故格萨尔威光照人

森姜珠姆的发辫上

饰有白璁玉和珊瑚

是故珠姆美艳动人

这是卫藏上师的福泽

一则卫藏的神殿高

二则寺庙里香客多

三则小僧念诵流畅

这是卫藏上师的福泽

一则汉地地域辽阔

二则汉人足智多谋

三则工艺机械发达

这是中原人民的福泽

一则蒙古幅员广大

二则骏马行如疾风

三则勇士骑术精湛

这是蒙古牧民的福泽

四月是夏天的首月

四月是夏天的首月

草地野花竞相开放

正是蜜蜂开心之时

五月是夏天的中月

林中野果结满枝头

正是杜鹃啼鸣之时

六月是夏天的末月

六谷籽实刚刚饱满

正是羊群剪毛之时

肆

箭的故乡在何方 ………

酒的故乡在何方

在这一块田的那边

青稞的穗头沉甸甸

那儿是青稞酒的故乡

一个父亲要有个儿子

一个父亲要有儿子

假如没个儿子

当阎王的使者到来时

就像圆石掉落到地上

一个汉子要有匹马

如果没一匹马

当追兵喝令他站住时

犹如雄鹰折断了翅膀

一个女人要有头牝牦

要是没一头牝牦

当乳头干瘪紧缩时

好比天色放亮后的云雀

细腰之环尚未变老时

细腰之环尚未变老时
好赖衣服都要穿一穿
到了年老体衰的年纪
想穿也系不紧腰带

眼神之光尚未褪去时
远近景色都要看一看
到了眼睛流泪的年纪
想看也看不清远方

三十枚牙齿还没掉时
各种美食都要尝一尝
一旦三十枚牙齿掉光
想吃也吃不出香味

蟠龙出生在螺贝中

蟠龙出生在螺贝中
震耳雷声响在蓝天
蓝天是蟠龙的故乡

骏马出生在草地上
飞奔的大道是草原
草原是骏马的故乡

姑娘出生在娘家里
变老的地方是婆家
娘家是女儿的故乡

石山和柏树同生长

石山和柏树同生长
苦命的柏籽会掉落
需要掉落是前世命

公驹和母驹同生长
苦命的公驹需卖掉
需要卖掉是前世命

儿子和女儿同生长
幸福的女儿要出嫁
需要出嫁是今生缘

大恩莫过于紫帐

大恩莫过于紫帐

夏天三个月挡雨

冬天三个月御寒

报恩的帐主难得

大恩莫过于羊只

剥下羊皮御严寒

食用血肉解饥渴

报恩的羊主难得

大恩莫过于父母

怀胎九月零九夜

甘甜乳汁喂养大

报恩的儿女难得

野牛变老会走向高处

野牛变老会走向高处

大小牛都用尖角威胁

衰老的野牦牛好可怜

岩雕变老会飞往高处

大小鸟儿都啄毛威胁

衰老后的岩雕好可怜

人衰老时会往灶旁挪

大人小孩没个好脸色

衰老后的老人好可怜

用黄金打造的骏马

用黄金打造的骏马

跨越漫漫路途有大恩

用白银铸就的犏牛

驮上重物迁徙有大恩

用螺贝镶嵌的绵羊

剪取柔软羊毛有大恩

山上飞走了三只鸟

山上飞走了三只鸟

头一只鸟是金孔雀

翎毛是宝瓶的庄严

那是净化今生业相

消来世罪障的翎毛

啊！虽是天上的飞鸟

却有如此大的福报

田里种了三种植物

头一种植物是青稞

金黄穗头是甘露宝

用它来酿造青稞酒

放声高歌离不开它

啊！虽是地里的植物

却有如此大的福报

阳间世上破事多

阳间世上破事多

畜生身上癞病多

乞丐身上虮虱多

蠢人嘴上闲话多

最后五百年期中

爱挑事的上师多

善经商的僧徒多

欲讲法的罪人多

没规矩的家庭里

姊妹之间怨结多

夫妻之间丑事多

邻里之间纠纷多

三难得

无我欲的上师难得

不吝啬的施主难得

辨真伪的官员难得

这便是上等三难得

眼界开的父母难得

报恩情的儿女难得

不吵架的夫妻难得

这便是家庭三难得

讲诚信的朋友难得

说真话的亲戚难得

心肠好的邻居难得

这便是世俗三难得

唱难歌咱就唱难歌

唱难歌咱就唱难歌

今生今世成佛难

犯根本堕罪就更难

若守密宗誓言也不难

在中阴认识自我难

贪恋太多就更难

若是清净佛徒也不难

常施食物的人很难

贪财吝啬就更难

若是相信因果也不难

蔚蓝的辽阔天空中

蔚蓝的辽阔天空中

日、月、星心情舒畅

为什么心情这样舒畅

只因天空晴朗无乌云

下方碧绿的湖边

黄鸭子心情舒畅

为什么心情如此舒畅

只因六月的湖水上涨

酒席列次的中段

同龄人心情舒畅

为什么心情这般舒畅

只因茶、酒、歌样样齐全

女子有上、中、下三等

女子有上、中、下三等

一个上等女人

美如天仙福报大

心肠如水晶的宝瓶

一个中等女人

贪念如潮起潮落

心不定如水面涟漪

真话假话真假难辨

一个下等女人

心如垭口的经幡

满嘴屁谎搬是非

三天两头惹官司

天上日月般的上师

天上日月般的上师

虽然平素也需要他

可堕入地狱的那天

若没有上师寸步难行

甚深正法的甘露

虽然平时也需要

可飘游中阴的那天

若没有正法寸步难行

妙高山似的高官

虽然平常并不求他

可主持公道的那天

若无正义的高官不行

菩萨如果全凭色彩

菩萨若是全凭色彩

没加持力只是个泥胎

勇士如果全仗武器

没胆魄好比一只狐狸

姑娘要是全靠美貌

不勤快就像一个花瓶

昔日印度的国王

昔日印度的国王

是神圣正法的国王

他依凭正法治理国家

昔日唐代的皇上

是法和规则的君王

他制定法规治理国家

昔日波斯的国王

是收集财富的君王

他凭借财富治理国家

汉子身上一杆枪

汉子身上一杆枪

腰间还挎个子弹带

若有勇那是英雄的武器

若没胆只会让两腿发抖

一个姑娘一条辫子

背上还缀了一副辫套

若勤快那是姑娘的饰件

若懒惰就只能当扫把用

黄河的源头在雪域

黄河的源头在雪域

灌田浇地广布中原

它是汉藏共同的河流

雪白的羊毛在雪域

光鲜的呢子在中原

它是汉藏共同的财源

牡鹿的鹿茸在雪域

卖个好价要到中原

它是汉藏共同的财富

白水晶似的马鬃是一

白水晶似的马鬃是一
明月似的螺辔头是二
如阳光般的马鞍是三
我把这些交给儿子你
如何取胜就看儿子你

四个乳头的牝牦是一
银箍的柏木奶桶是二
白银的嵌珠奶钩是三
我把这些交给姑娘你
如何挤奶就看姑娘你

闪光的水晶念珠是一
拉萨的觉沃能依是二
大般若六字真言是三
我把这些交给父母亲
如何做法事父母做主

所有树木都相似

所有树木都相似

唯独柏树不一样

千粒柏籽缀满枝头

所有植物都相似

唯独青稞不一样

金黄穗头压弯了腰

所有的人都相似

唯独有福人不同

有福之人儿孙绕膝

上师需要管家

上师需要学问

学问应该扎实

有学问上师好开示

国家需要领导人

领导人需要远见

有远见国家才强盛

父母需要儿女

儿女理应孝顺

儿女孝顺父母就长寿

卫藏的金殿里面

卫藏的金殿里面

设有如狮的宝座

端坐着萨迦班钦[①]

众僧聚集在周围

这是佛法兴旺的预兆

汉地的皇宫里面

设有如象的宝座

端坐着圣明皇帝

勇士和大臣坐周围

这是法制完善的预兆

中部安多的帐篷里

设了白毛毡的座位

端坐着大恩父母亲

众多儿孙坐在周围

这是藏家兴旺的预兆

①萨迦班钦：萨迦班智达贡噶坚赞，简称萨班，是西藏历史上的著名学者和重要政治人物。

高处紫色的山岭

高处紫色的山岭

是百头牦牛的故土

是酥油和曲拉的宝藏

中部绿色的草地

是百只母羊的故土

是羊毛和羔皮的宝藏

低地块状的农田

是紫青稞的故土

是甘露美酒的宝藏

蓄辫咒师有两件事

蓄辫咒师有两件事

半空击鼓咚咚响

用木扦装饰三角食子

这是蓄辫咒师的两件事

红顶汉官有两件事

坐骑的步子快如风

依法律惩处违法之徒

这是红顶汉官的两件事

歌手我也有两件事

机敏如空中的闪电

口才似哑口的经幡

这是本歌手的两件事

我是墙根的长鼻猪

我是墙根的长鼻猪

不要骂我鼻尖长

我可是大象的姨娘

我是墙头的红公鸡

不要骂我没牙齿

我可是金翅鸟的侄儿

我是末座的唱歌手

不要骂我口舌利

我可是世间老人的外甥

大海底部的珍宝

大海底部的珍宝

是如意财富的源泉

除顶上珍宝龙王外

阳世上无人能享用

兜率天的神宫里

有奇异游艺可欣赏

除了轨范师无著①外

我等凡夫根本看不到

对大恩的父母亲

恭敬伺候能增福

除了孝顺的儿女

善待父母的子女少

①无著：瞻洲六严之一，4世纪时生于印度北方一婆罗门家族，是佛教广行派的开宗大师。

五谷没有父母

五谷没有父母

大地好比是父母

炎热的三夏暑天里

用雨露精华来滋养

五谷丰收堆满仓

无产者没有父母

共产党就是父母

头人的皮鞭下面

翻身当家做了主人

幸福的颂歌唱不尽

有为身的宝瓶中

有为身的宝瓶中

有与生俱来的佛像

假如对此能供一盏灯

一生一世中就能成佛

分别心的轮回巢中

有菩提心的金翅雏鸟

假如能给它插上翅膀

就能在遍智虚空飞翔

分别心的五毒屋中

有摧毁解脱的盗贼

假如能用智绳束缚他

就能在恐怖境中解脱

依止合格上师是第一

依止合格上师是第一
信仰之地肥沃是第二
苦修断除盖障是第三
这三条是善异熟之因

舍得放手施舍是第一
有慈悲怜悯心是第二
具助人利他心是第三
这三条是众人敬之因

父母有爱心是第一
儿孙懂礼节是第二
儿媳识大体是第三
这三条是家和美之因

珍宝似的上师

珍宝似的上师

有净妙教诚的泉水

只要你有信仰

定能洗刷诸恶之毒

天空似的法身上

有诸事如意之珠

只要能专心修习

定能获 "三身" 之妙果

三界轮回的城中

无尽的烦恼似铁链

只要虔诚敬信佛法

定能砸断烦恼的铁链

当上了大官以后

当上了大官以后
心中不要生贪念
知足了就是富翁

和怨敌相遇之时
放下仇恨多容忍
能忍受就是英雄

与好友相处之时
不要有欺蒙之心
心诚就能天长地久

白色天神的王城

白色天神的王城

虽拥有却无意义

那是无常之自性

儿童少年的情谊

虽快乐却无意义

那是无常之自性

祖辈留下的财富

能坐享却无意义

那是无常之自性

清晨太阳初升

清晨太阳初升

马儿嘶声阵阵

青年喜上眉梢

日头到了晌午

牝牦鸣声阵阵

姑娘喜上眉梢

傍晚日落西山

酒在罐中盈盈

满席欢声笑语

一只雌鸟的翅膀下

一只雌鸟的翅膀下

众雏鸟叽叽喳喳

当翅膀长硬的时候

飞翔的天空各异

一头牝牦的腿间

众牛犊欢蹦乱跳

当犄角长成的时候

吃草的草地各异

一对父母的腋下

儿女们嬉戏玩闹

当孩子长大的时候

谋生的地方各异

箭的故乡在何方

箭的故乡在何方
在这片蓝天的那边
岩雕的翼尖颤悠悠
那儿是这支箭的故乡

弓的故乡在何方
在这座山岭的那边
野牛的犄角亮闪闪
那儿是这张弓的故乡

酒的故乡在何方
在这一块田的那边
青稞的穗头沉甸甸
那儿是青稞酒的故乡

唱首儿、铠、马三全的歌

屋脑里有一副铠甲

灶火门上有个儿子

院子里拴着一匹马

唱首儿、铠、马三全的歌

箭头上有三根羽毛

箭腰上拴有一片绫

箭端装有一枚箭镞

唱首羽、绫、镞三全的歌

柱子上有一个小桶

灶门上有一位阿妈

院里拴着一头牝牦

唱首妈、桶、牛三全的歌

那不是蓝天是蓝缎

那不是蓝天是蓝缎

缝制衣领的是白云

那不是山岭是铠甲

打造铠甲的是铁匠

那不是房屋是虹宫

安装宫门的是木匠

列次座首铺上缎褥子

列次座首铺上缎褥子
端坐着黄顶戴的上师
他头顶撑着金黄宝伞
身边围坐着十万小僧
前面有一对唢呐在迎候

列次中段铺上氆氇垫
端坐着白顶戴的高官
他头顶撑着白色宝伞
身边围坐着十万兵丁
前面有甘露美酒在迎候

列次尾座铺上羊毛毡
列坐着蓝顶子的姑嫂
背上戴着珊瑚和珍珠
身边围坐着众多儿女
前面有各种美食在迎候

请别把缎面图案弄脏

列次首座铺上缎褥子

请别把缎面图案弄脏

怙主从拉萨回来还要用

列次中段铺上毪氇垫

请别把毪氇纹饰弄脏

格萨尔凯旋之时还要用

列次尾座铺上白毛毡

请别把白羊毛毡弄脏

珠姆从霍尔回来还要用

刨木时没有刨花

刨木时没有刨花的

是拉萨的经幡长杆

梳头时不掉头发的

是格萨尔王妃珠姆

飞奔时不起尘土的

是健美的浅红宝马

我女儿的发辫是柳条

我女儿的发辫是柳条

这把柳发辫值百匹马

若是凑不够百匹良马

那八匹良马绝不可少

我女儿的眼睛是凤眼

这双眼睛值百头牦牛

若是凑不够百头牦牛

那八头牦牛绝不可少

我女儿的牙齿是贝齿

每枚牙齿值一百只羊

若是凑不够百只绵羊

那八只绵羊绝不可少

我叔叔的上院里

我叔叔的上院里

有一百零一匹骏马

作为发辫聘礼送你家

我叔叔的中院里

有一百零一头牝牦

作为眼睛聘礼送你家

我叔叔的下院里

有一百零一只绵羊

作为牙齿聘礼送你家

蓝天似的阿舅们

蓝天似的阿舅们

给青龙似的女婿

系上了白云般的腰带

高山似的阿舅们

给野牛犊似的女婿

系上了轻烟般的腰带

西海似的阿舅们

给金鱼似的女婿

系上了薄雾般的腰带

给酒席课征金子税

给酒席课征金子税

总计课一千五百两

不能把它挪作他用

安神庙金顶时要用

给岩雕课征羽毛税

总计课一千五百羽

不能把它挪作他用

格萨尔降妖时要用

给羊群课征羊肉税

总计课一千五百只

不能把它挪作他用

珠姆回岭①国时要用

①岭：此处的岭是指格萨尔王传中的岭国，非山岭之岭。

这边的山是金山

这边的山是金山

那边的山是银山

在那金银相交之地

给拉萨的释尊佛像

供奉一尊金顶

这边的山是缎山

那边的山是绢山

在那缎绢相交之地

给拉萨的释尊佛像

供奉一件美衣

这边的山是麦子山

那边的山是青稞山

在麦子青稞相交之地

给拉萨的释尊佛像

供奉一部曼札

成事的白唇野骡

成事的白唇野骡啊

要多多尊重骏马

不用辛苦背负金鞍

那是骏马的恩情

成事的野牦牛啊

要多多尊重犏牛

不用辛苦承受肩轭

那是犏牛的恩情

成事的同龄人啊

要多多尊重老父

在外不用忍受欺侮

那是父亲的恩情

他给雪域惠赐如意妙果

在圣地布达拉的

莲花光的无量宫中

安住着莲花生大士

他给雪域惠赐如意妙果

在玛旁雍错湖的

五彩的霓虹宫中

安住着龙王顶上珍宝

他给雪域惠赐如意妙果

用一疙瘩黄金造宝座

用一疙瘩黄金造宝座

用璁玉和珊瑚来镶嵌

如今那是上师的宝座

用一疙瘩铁来造枪支

枪上装上钢制的枪栓

如今那是护身的宝物

大地上修建了一座城

量好尺寸安装上城门

如今那是同龄游乐场

雪域藏地长了一棵树

雪域藏地长了一棵树

砍下树梢运往拉萨

给卫藏上师修了寝室

了却了树梢的心愿

砍下树干运往汉地

给中原将军修了宫门

了却了树干的心愿

砍下树根运到安多

给长辈家修了居住屋

了却了树根的心愿

正法和上师的言教

正法和上师的言教

人人都需要

尤其是花甲老人

经阴间狭道时更需要

弓箭和锐利的兵器

人人都需要

尤其是出征男儿

和敌人拼杀时更需要

美食和青稞美酒

人人都需要

尤其是贤淑女子

宾朋入席时更需要

伍 猛虎身上有红斑纹 ....

嗓音动听的歌手

戴上狐帽可直接开唱

不是这样，同龄我在开玩笑

心里没歌哪有那么容易

八岔鹿角长在鹿头上

八岔鹿角长在鹿头上

鹿角对鹿没有啥好处

倒是对脑袋带来麻烦

漂亮毛色在狐狸身上

对狐狸本身没啥好处

倒是对性命带来威胁

酒歌在歌手的肚子里

对歌手本人没啥好处

倒是对嗓子带来麻烦

买马要看马的臀股

买马要看马的臀股
因为马的肌肉和力气
都在马的臀股上
臀股饱满必定是好马

买犏牛要看牛的肩头
因为牛的肌肉和力气
都在牛的肩头上
肩头饱满定是好犏牛

一高二高蓝天高

一高二高蓝天高
还有比蓝天更高的
上师的教诫比天高

一直二直松柏直
还有比松柏更直的
世间因果比松柏直

一平二平大地平
还有比大地更平的
汉家桌面比大地平

上部是卫藏地方

上部是卫藏地方

卫藏人人手持佛珠

这是因为卫藏人

虔诚信仰佛法

中部是蒙古地方

蒙古人人手持弓箭

这是因为蒙古人

自古骁勇善射

下部是中原汉土

汉人个个有顶戴

这是因为汉族人

从来乐善好施

给本人身体唱支歌

给本人身体唱支歌
磕头能消除身盖障
而今身体无病痛
是磕头顶礼的益处

给本人嗓音唱支歌
经忏能消除语盖障
而今嗓音不喑哑
是日常讽诵的益处

给本人意识唱支歌
敬信能消除意盖障
而今心境坦荡
是敬信佛法的益处

安多塔尔寺金塔中

安多塔尔寺金塔中

安住有至尊宗喀巴

极少数有缘人能拜谒真容

退失信仰的人

也是极少数厄运者

莲花圣地刹土中

安住有莲花生大士

极少数有缘人能拜谒真容

退失信仰的人

也是极少数厄运者

热贡佛法福地中

安住有夏噶丹嘉措

极少数有缘人能拜谒真容

退失信仰的人

也是极少数厄运者

老年人需要佛法

老年人需要佛法
假如老年人没佛法
就好比鸟王灵鹫
虽能高飞却意义小

中年人需要佛法
假如中年人没佛法
就好比林中之虎
虽能腾跃却意义小

无儿之人需要佛法
假如无儿之人没佛法
就好比三夏的花朵
虽然鲜艳却意义小

下方川水方田里

下方川水方田里

种有麦子、青稞和豌豆

紫青稞被磨成糌粑

那是藏家的份子食

花园似的牧村里

马、牛、羊三畜兴旺

赛马场上争高下

那是藏家人的习俗

魅力中国大家庭里

汉、藏、蒙各族如兄弟

把酒放歌颂盛世

藏家人一心跟党走

父亲、叔叔和兄弟

父亲、叔叔和兄弟

平日里要互相尊重

当敌人出现在垭口时

需要向叔叔问计策

婆婆、儿媳和姑娘

平日里要和睦相处

当宾客接踵而至时

需要婆婆来拿主意

马不能没有肌肉

马不能没有肌肉

马身上若没肌肉

鞍子在马背上不稳

被斥为瘦马不待见

男儿不能没有钱

男儿如果没有钱

父辈兄弟都会厌恶

被斥为穷鬼不待见

给长辈们说句话

给长辈们说句话

不要歪戴帽子

不要倒拨佛珠

这是说给父辈们听的

给同龄们说句话

勇士不要贸然冒头

别扔下蠢货不管

这是说给同龄们听的

给姑娘们说句话

莫怀揣食物偷吃

莫将闲话传到家里

这是说给姑娘们听的

在得解脱的刹土中

在得解脱的刹土中

有天成的如意美食

这并不是自然天成

而是前世积德的善异熟

恐怖十八层地狱中

被砍伤后即刻愈合

这并不是容易愈合

而是前世作恶的恶异熟

彼方恶鬼城邑中

刚吃饱又感到饥饿

这并非因为肚子大

而是前世吝啬的恶异熟

喝酒后不会惧怕

喝酒后不会惧怕

是因为酒中有虎骨

所以心中不惧怕

喝酒后胡乱叫喊

是因为酒中有鹧鸪脑

所以嘴上乱叫喊

喝酒后不感到饿

是因为吸入了青稞蒸汽

所以肚子不感到饿

蓝天上的小青龙

蓝天上的小青龙

虚空里的金翅鸟

二者的路线相同

是天降甘雨的祥兆

雪山上的雄狮

密林中的猛虎

二者的路线相同

是战胜敌人的祥兆

良家的慈祥舅舅

联姻的紫色亲家

两家人今天结亲

是过好日子的祥兆

蓝天上的甘雨

蓝天上的甘雨

大地上的六谷

二者缘起于四大种

游凶地的禅师

当仆从的弟子

二者缘起于佛法

藏家青稞美酒

汉地洁白哈达

二者缘起于联姻

箭杆上有红色图案

箭杆上有红色图案

箭尾装有四根羽毛

箭镞由天铁所铸造

箭腰饰有五色彩绸

有个射箭的儿子该多好

行如疾风的枣骝马

马头好似如意珍宝

马尾巴犹如金刚结

马背上饰有金马鞍

有个骑马的儿子该多好

牝犏牦牛乳汁如海

牛头好似轮王七宝

牛尾巴犹如如意藤

牛背饰有八吉祥徽

有个挤奶的姑娘该多好

莫羡慕富人的财富

不要羡慕富人的财富

财富如同草尖露珠

有常在也有不常在

不要讥笑穷人的孩子

贫者如瞻洲的太阳

有照耀也有黯淡时

你是万里长空的守望者

成事的小青龙啊

拿如意珍宝作赆仪

黑云和白云陪护你

因为你是天空的守望者

成事的小牤牦啊

拿九层山岩作赆仪

清凉的山泉陪护你

因为你是绿谷的守望者

戴珊瑚的姑娘啊

用三句良言作赆仪

拿璁玉和珊瑚陪护你

因为你是招财屋的守望者

制马鞍的木匠们

制马鞍的木匠们啊

鞍腔要像旋卧之龙

缚鞍带之结要扎牢

备上后马要感到舒适

打铠环的铁匠们啊

坚铠的腹腔要宽大

铠皮条扣环要结实

拼杀时要能护住要害

养女儿的姑嫂们啊

度量要放大如瓮罐

说话要像手捻毛线

要使持家的女儿开心

假如一个小僧

假如一个佛僧

像黄鸭一样美丽

就不用置办法衣了

假如一个勇士

像鹰隼一样敏捷

就不用去买腰刀了

假如一个姑娘

像孔雀一样美丽

就不用置办华服了

猛虎身上有红斑纹

猛虎身上有红斑纹

拿来可直接缝到袍领上

不是这样，同龄我在开玩笑

没胆魄哪有那么容易

笑呵呵的富家姑娘

戴上首饰可直接出嫁

不是这样，同龄我在开玩笑

没见识哪有那么简单

嗓音动听的歌手

戴上狐帽可直接开唱

不是这样，同龄我在开玩笑

心里没歌哪有那么容易

蓝天家有四道门

蓝天家有四道门

太阳月亮和星星

加上蓝天是四道门

山岭家有三重门

草籽还有野牦牛

加上山岭是三重门

叔伯家有两道门

香亚热加上拉毛

是叔伯家的两道门

山上有两只鹿在并行

山上有两只鹿在并行

鹿角长短一样多好看

山下两只狐狸在并行

身上毛色一致多好看

席上两位歌手在唱歌

嗓音高低相同多动听

头上狐帽的帽顶上

头上狐帽的帽顶上

鹅黄色的缨子真美

羔皮袍子的衣边上

黑水獭皮边饰真美

今天的喜庆酒席上

朋友又唱又跳真美

因为蓝天福报大

因为蓝天福报大

下的尽是如意妙果

因为高山福报大

山上长的尽是药材

因为喜宴福报大

唱的尽是吉祥之歌

但凡着急没啥好

但凡着急没啥好
可盗贼赶马急点好

但凡衰老没啥好
可乌鸦变老才好看

但凡旧了没啥好
可珊瑚戴旧了才美

天鹅出生地是印度

天鹅的故乡是印度

安居的地方是湖边

皆因天鹅所发之愿

牦牛的故乡是山野

毛皮要售卖给汉地

皆因牦牛所发之愿

姑娘长在父母身边

操劳的地方是婆家

皆因姑娘所发之愿

恩重的金色太阳

恩重的金色太阳

不想让你沉落西山

只愿阳光温暖大地

可是，前有乌云后有冷风

太阳不得不沉落

恩重的如风良驹

不想让你长途奔跑

只愿让你啃食青草

可是，前有辔索后有皮鞭

马儿不得不狂奔

恩重的年轻姑娘

不想让你离开父母

只愿让你在家尽孝

可是，前有媒人后有闲言

姑娘不得不出嫁

骏马有苦有乐时

骏马有苦有乐时

乐在青山草地上

苦在漫漫路途中

马主啊，别拿细鞭猛抽

颈鬃闪闪多让人怜

犏牛有苦有乐时

乐在斑驳山岭上

苦在四方田地中

牛主啊，不要硬捅牛鼻

犄角闪闪多让人怜

姑娘有苦有乐时

乐在给父母撒娇

苦在婆家受闲气

婆婆啊，不要刁难媳妇

满腹委屈多让人怜

地狱的上方狭道中

地狱的上方狭道上

不会有响亮一声吼

听到的那声响亮吼声

是卫藏上师吹响了法螺

地狱的中间狭道中

不会有可口的美食

尝到的那口香甜食物

是枕头上师煨的焚烟供施

地狱的下方狭道中

不可能降绵绵细雨

缓缓降下的那场细雨

是大恩父母伤心的泪水

野牛的上方山谷中

野牛的上方山谷中

有爹娘的野牛在行进

没娘的牛犊我落在后

玉角一晃一晃多可怜

野骡的上方山谷中

有爹娘的野骡在奔跑

没娘的骡驹我落在后

颈鬃一晃一晃多可怜

今天喜庆的酒席上

有爹娘的同龄在说笑

没娘的姑娘我在席边

一腔子辛酸泪多可怜

如镰的青石山背面

如镰的青石山背面
两头野牛在诉忧伤
无缘无故的谁忧伤
只因大雪封了山道

河岸野柳的树梢上
两只杜鹃在诉忧伤
无缘无故的谁忧伤
只因四月天雨水少

慈祥父母的灶火旁
两位姑娘在诉忧伤
无缘无故的谁忧伤
只因婆婆刁钻刻薄

鸟儿老了往高处飞

鸟儿老了往高空飞

寒风中双翅颤悠悠

低头捡不到鸟食

鸟儿老了就这么痛苦

野牛老了往深山行

片石的山上颤巍巍

低头吃不上青草

野牛老了就这么痛苦

人老了后出门难

灶台旁边颤巍巍

听不到家人说笑声

人老了后也这么痛苦

我给父辈们唱支歌

我给父辈们唱支歌

有酒时要共同享用

父辈好比是山中"哇卡"

难料何时四散

我给同庚们唱支歌

有吃时要共同享用

同庚似寅时启明星

难料何时隐没

我给姑嫂们唱支歌

平日里要孝敬父母

夫妻好比空中鸟巢

难料何时分手

没善心的僧人们

没善心的僧人们
卖掉法衣置僧裙
法衣的加持为一世
僧裙顶多穿一年

没脑子的年轻人
拿快枪换来一匹马
快枪响声是一辈子
马顶多只跑一年

没良心的爹娘们
卖掉姑娘置牦牦
姑娘痛苦是一辈子
牦牛奶只有一年

野牝牦有三只牛犊

野牝牦有三只牛犊

尚未长大就被遗弃

饥饿时吃不饱草

口渴时喝不到水

忍饥挨饿已三年

如今我已在牛群中

父母有三个儿女

尚未长大就成孤儿

乡音难改遭人嫌

饥肠辘辘受尽苦

忍饥挨饿已三年

如今我已在同龄中

如镜草地的野骡驹

如镜草地的野骡驹

骡妈妈被毒箭射杀

这个踢罢又被那个踢

因此人称我为白唇野骡

大青山中的野牛犊

牛妈妈被礌石击死

这个牴罢又被那个顶

因此人称我为无匹野牛

同龄人中的孤儿我

恩重母亲被病魔带走

叔刚骂罢又遭兄嫂欺

因此人称我为无助孤儿

僧人离寺赴藏时

僧人离寺赴藏时

回头张望寺庙

寺庙不能陪伴前往

佛经才是自己的旅伴

勇士离家出征时

回头张望城堡

城堡不能陪伴前往

快枪才是自己的旅伴

姑娘挥泪出嫁时

回头张望恩重父母

父母不能陪伴前往

勤快才是自己的旅伴

黑云和白云之间

黑云和白云之间

太阳快要落西山

家中父母好比此情景

有美食先要让父母吃

乔木柏的树梢上

杜鹃鸟振翅欲飞

姑娘好比此情景

有珊瑚先要让姑娘戴

家门口的前山上

秋风萧萧树叶黄

长辈如同此情此景

长辈来了要起身让座

蓝天上有个大恩人

蓝天上有个大恩人

大恩人就是金太阳

当夜幕降临的时候

恩重的太阳也得西沉

夜空中有个大恩人

大恩人就是银月亮

当天色放亮的时候

恩重的皎月也得隐没

阳世间有个大恩人

大恩人就是父母亲

当年逾花甲的时候

恩重的父母也得变老

长鹿角是鹿的福报

八岔鹿角长在头上

长鹿角是鹿的福报

被截取是前世命注定

白海螺生在大海中

吹响是藏民的福报

被捞取是前世命注定

姑娘是父母身上肉

生养她是父母的福报

要嫁人是前世命注定

柏树和石山共生长

柏树和石山共生长

柏籽必定要掉落

掉落的柏籽让人怜悯

公驹和母驹共生长

公马驹必定要卖掉

被卖的公驹让人怜悯

儿子和女儿共生长

女儿必定要离开家

离家的女儿让人怜悯

戴金辔头的骏马

戴金辔头的骏马啊

背负马鞍奔草地

马驹子泪水涟涟

不要伤心亲爱的马

需要奔跑是骏马的命

戴金耳饰的姑娘啊

戴着首饰离开家

父母亲泪水涟涟

别伤心亲爱的爸妈

需要嫁人是姑娘的命

假如鞍马两全

有马却没有鞍

假如鞍马两全

愿在马群中飞奔

有箭却没有弓

假如弓箭两全

愿与众射手同射

有爹却没有娘

假如爹娘两全

愿与众歌手同乐

满身羊毛的羯羊

满身羊毛的羯羊

前有屠夫牵拉

后有主人驱赶

心依旧眷恋着草地

可是，再怎么眷恋也难久留

戴着珊瑚的姑娘

前有媒人接引

后有家人送别

心依旧眷恋着阿妈

可是，再怎么眷恋也得嫁人

饿狼扑进羊群的那天

饿狼扑进羊群的那天

有岩雕与狼共享

猎人追杀饿狼时

可怜饿狼形单影只

勇士得胜凯旋的那天

与人共享战利品

被追兵喝令站住时

可怜勇士孤立无援

白色大殿的屋檐下

白色大殿的屋檐下

聚集着百千僧众

头戴僧帽似乎都一样

实践佛法的只是个别

白色敖包的周围

聚集着百千青年

肩挎长枪似乎都一样

冲锋陷阵的只是个别

四方院落的内院

聚集着百千妇女

戴着贝饰似乎都一样

善解人意的只是个别

贤良上师在世时

贤良上师在世时

有如金的十三个僧徒

另有善诵经的三个僧徒

由是之故

不堕入地狱真快慰

贤良先辈在世时

有如铁的十三个人马

另有善计谋的三个健儿

由是之故

沙场上不求人真快慰

贤淑姑嫂在世时

有如螺的十三个姑娘

另有善歌的三个姑娘

由是之故

筵席上不用求人真快慰

出门挣钱的青年们

出门挣钱的青年们

出门容易回家难

没回来之前要发财

若没发财就像条野狼

赴藏求经的佛僧们

赴藏容易回寺难

没回之前要学好法

若不懂法就像只黄鸭

为人媳妇的女人们

嫁人容易离异后难

离异之前要有个阿妈

若没阿妈就像只喜鹊

快马和美鞍

快马和美鞍

虽无翅膀赛飞鸟

敢和疾风比快慢

弯弓和箭矢

犹如威猛一霹雳

敢和金刚石山作对

好嗓和佳词

犹如无书的道歌

敢和名歌手对答歌

陆

攀登雪山之顶··········

进入欢快的酒席

歌王之子技压众人

歌王之子永不衰老

虽衰老也不会忘歌词

没被铁匠打造过的

没被铁匠打造过的

是野牛头上的尖角

那是夺取虎命的锐器

将军没加盖官印的

是猛虎背上的斑纹

那是百兽之王的骄傲

没用绣花针绣过的

是孔雀身上的翎毛

那是五色彩虹的匹敌

攀登雪山之顶

攀登雪山之顶

雄狮之崽捷足先登

雄狮之崽永不衰老

虽衰老也不玷污狮鬃

进入茫茫林海

猛虎之崽率先入林

猛虎之崽永不衰老

虽衰老也不玷污斑纹

进入欢快的酒席

歌王之子技压众人

歌王之子永不衰老

虽衰老也不会忘歌词

卫藏辩经场的僧徒

卫藏辩经场的僧徒

是否求教悉听尊便

不愿求教也随你意

我可是释迦牟尼的弟子

酒席上的轻狂歌手

是否对唱悉听尊便

不愿亮嗓也随你意

我可是世间歌王的子孙

赴藏求经的学僧们

赴藏求经的学僧们

进出卫藏没啥难的

难在求得佛学学衔

出门挣钱的青年们

吃苦受累没啥难的

难在老板不给工钱

愿为人妻的姑娘们

为人妻子没啥难的

难在里外有好口碑

僧徒嘴上念经易

僧徒嘴上念经易

背诵长文试试看

青年嘴上拼杀易

孤胆斗敌试试看

姑娘嘴上嫁人易

伺候别人试试看

和佛僧你聊聊天

和佛僧你聊聊天

把遍知佛经背诵牢

要是不把佛经背好

当僧众列次坐定后

怎么好意思问这问那

和姑娘你聊聊天

未嫁时要虚心求教

如果不愿虚心求教

当宾客接踵而至时

怎么好意思问这问那

料定盗贼不敢伸手

戴着铃铛的大狗

拴在了富翁的门口

料定盗贼不敢伸手

充满自信的歌手

在席间从容亮歌喉

料定你不是我的对手

身披披风的白岩雕

身披披风的白岩雕

最好头裹披风别动

我手上持有牛角弓

嗖一声响时你玩完

不知深浅的歌手你

唱上几首就可以了

我腹中全是世间长歌

唱得你只剩嘛尼就完了

藏人都在议论

藏人都在议论

豹皮价钱在上扬

老虎该起来走了

岭地英雄在成长

人们在谈论着箭数

野牦牛该起来走了

歌手我已到酒席上

人们在议论我的来历

歌手我该起身开唱了

原以为鸟儿都一样

本以为鸟儿都一样

其实根本就不一样

大鹏鸟在高空翱翔

白岩雕在低空飞行

小麻雀飞在刺丛上

你看看一样不一样

本一位歌手都一样

其实根本就不一样

上师在卫藏唱道歌

歌手在席上唱对歌

没歌的偷偷哼两声

你看看一样不一样

上身肥大的不全是野牛

上身肥大的不全是野牛

黑犏牛牛犊的上身大

是不是野牛一看便知

舌尖细的并非全是歌手

黑毒蛇的舌尖细又长

是不是歌手一看便知

天空是自由的天堂

对长翅的飞鸟而言
高空是自由的天堂
风迎面吹来更痛快

对善跑的骏马而言
草原是自由的天堂
起伏不平就更痛快

对能唱的歌手而言
酒席是自由的天堂
遇上对手就更痛快

骏马的四蹄尖上

骏马的四蹄尖上

有如疾风的转轮

跑多久都不会疲乏

野牦牛的犄角间

长有天成的兵器

牴多久都不会斗败

本歌手的肚子里

有十万字的歌书

唱多久都不会唱完

我有副驯服百马的蹄绊

我有副驯服百马的蹄绊

马蹄绊没丢还在手上

给你这匹马套上如何

我有一首让席间众歌手

哑口无言闭上嘴的歌

现在把它唱给你如何

我要建方正庙宇

我要建方正庙宇

有能工巧匠快显身

我是专程来寻能人的

本歌手我要开唱了

有服众高手快显身

我是专程来找高手的

白岩雕的翅膀下

白岩雕的翅膀下

有各色各样的羽毛

若有勇气快点来拔毛

野牦牛的犄角间

有各色各样的兵器

若有勇气快点来摘取

本歌手的舌尖上

有各色各样的酒曲

若是高手快来对歌

阎罗王头上有角

阎罗王头上有角

若罪孽深重要当心

地狱狭道是石路

若是赤脚就要当心

歌手我是一团火

若对答不上要当心

你是云层中的青龙

你是云层中的青龙

既为龙理应拥有闪电

没闪电怎么释放霹雳

你是天上的大鹏鸟

既为鹏就要展翅高飞

没飞行技能怎么高飞

你是酒席上的歌手

既然对歌就不该含糊

刚开唱咋就败下阵来

歌头在卫藏

歌头在卫藏

骏马上去没拿到

灰毛驴就更没戏

别跌跌撞撞快回来

中歌在海底

水獭下去没拿到

青蛙你就更没戏

别啃一嘴泥快回来

歌尾在酒席上

歌手上来没拿到

没歌的你就更没戏

别出洋相了快停下

你若是冰雹就快点下吧

你若是冰雹就快点下吧

防雹咒师我不惧怕

不把乌云打成三块

我就不是防雹咒师

你真像歌手就开唱吧

"万人服"我要迎上前

不把歌手唱趴下

我从此不叫"万人服"

你是一匹福尽的公马驹

你是一匹福尽的公马驹

既然平坝上勒不住你

就让你翻山越岭跑个够

跑得让你从此没脾气

你是一个福尽的小歌手

既然唱上几首还不停

我就要开唱猛虎发威歌

唱得你从此心服口服

野牛生在深山中

野牛生在深山中

犄角是天成的兵器

即使碰上猛虎也不怕

歌手我生在筵席上

天生具有对歌的本领

即使遇上高手也不怕

麻雀偏偏爱飞翔

麻雀偏偏爱飞翔

不巧碰上了鹞子

呜呼！羽毛被风吹走了

看你还敢不敢乱飞

歌手偏偏爱对歌

不巧遇上了酒歌王

呜呼！会的那几首唱完了

看你还敢不敢乱唱

奉劝你不要过来

奉劝你不要过来

我九头妖魔爱吃肉

而且还爱饮鲜血

血吸尽时你就完了

奉劝你不要过来

歌手我爱唱酒曲

尤其喜欢唱对歌

对歌唱尽时你就完了

上午匆匆进山

上午匆匆进山

为的是套住野牛

戴上了锦鸡儿鼻圈

架上了沉重的肩轭

犁完了高处的旱地

中午匆匆入林

为的是套住猛虎

套上了青色铁链

拴在了城堡的门口

只当作看门狗来养

下午匆匆进酒席

为的是和高手过招

一下就难住了对手

解开了对歌的结儿

降服了所谓万人服

爱牴斗的老犏牛

爱牴斗的老犏牛啊

若是秃头就要当心

椎断腰塌被牴死的不少

爱蹦跳的公马驹啊

若步伐一般就要当心

漫漫路途上累倒的不少

爱唱对歌的歌手啊

若对歌不多就要当心

万一对答不上多难为情

锦鸡儿花已经绽放

锦鸡儿花已经绽放
布谷鸟叫的时候到了

山川河流已解冻
耕种的时节到了

兄弟已有醉意了
对唱的时候到了

防雹师我在防雹时

防雹咒师在山上时
那青龙还那么神气
假如防雹师不在山上
必会毁掉几亩水浇地

牧羊人跟群放牧时
那野狼还那么凶恶
假如牧人不跟群放牧
很可能会吃掉几只羊

我万人服在席上时
你小子还这样撒野
假如我不在筵席上
靠吹牛暂时你能占上风

没见黄河就放筏子

没见黄河就放筏子的

是河州地方的筏子客

没见敌人就打尾结的

是没经过风浪的盗贼

没唱几首就想对歌的

是没见过世面的歌手

没驯服的马驹口劲儿大

没驯服的马驹口劲儿大

飞奔时却跨不过一塄坎

年幼的马驹就这样可笑

没负重的犏犊脾气大

驮上重物却迈不开步

没脑的犏犊就这样可笑

没对歌的歌手爱对歌

让他唱时却只会两三首

人傻里傻气就这样可笑

石山上独卧的香獐

石山上独卧的香獐

别卧山头去山脚下

背枪的老猎手爱走动

砰一声响时你就完了

河面上跳跃的青蛙

别冒出水面要下潜

那剧毒的黑蛇爱走动

张口闭口间你就完了

刺丛上爱飞的麻雀

别在刺丛上空乱飞

那敏捷的鹞子爱走动

羽毛四扬时你就完了

如今的有些上师

如今的有些上师
人还没咽气就念颇瓦法
令死人活人都大吃一惊

如今的有些密咒师
没看到鬼就吹胫骨号
令神和鬼都大吃一惊

如今的有些歌手
没唱上几首就想对歌
令宾主双方大吃一惊

破山羊皮袄就像铠甲

破山羊皮袄就像铠甲

肩上的脑壳硬似钢盔

在盔和甲两全的地方

即使格萨尔来了也不怕

我的膝弯宛如弯弓

我的腿肚子笔直如箭

在弓和箭两全的地方

哪怕碰上强盗也不怕

我的上唇粗似磨石

我的下唇光滑如刀

在刀和磨石两全的地方

就是猛虎扑来也不畏惧

两个上师一把铃

两个上师一把铃

一个摇罢一个又摇

却不知亡人魂归何方

两个咒师一面鼓

一个敲罢一个又敲

却不知神鬼飘游何处

两个歌手一支歌

一个唱罢一个又唱

却不懂装懂洋相百出

墙头上的红公鸡

墙头上的红公鸡

夜晚报时你是一神仙

乱撒粮食你是一个鬼

毛茸茸的波斯猫

能逮耗子你是一神仙

偷喝牛奶你是一个鬼

筵席上的这位歌手

唱戏谑歌你是一神仙

唱对答歌你是一个鬼

头盔要会戴会取

头盔要会戴会取

伤成歪脖子的不少

铠甲要会穿会脱

铠甲夹死人的不少

对歌要会问会答

一着急成结巴的不少

我的头喜爱黑头盔

我的头喜爱黑头盔

戴上头盔就爱惹祸

这是我黑发脑壳的爱好

三十枚白齿爱吃肉

肉吃着吃着爱吸髓

这是我满口白齿的爱好

细柔的喉咙爱唱歌

唱着唱着就爱对歌

这是我细柔喉咙的爱好

圆环似的草地上

圆环似的草地上

汇聚了千匹骒马

和疾风比试步伐

白唇骒说它不得了

骏马也说自己最棒

其实跑起来难分伯仲

喜洋洋的人家里

汇聚了千名同龄

和高手比试酒歌

缠头巾的说他不得了

戴狐帽的说自己最棒

其实唱对歌难分胜负

哪有两猛虎相斗的

哪有两猛虎相斗的

虎崽我起身来相劝

哪有两野牛相斗的

牛犊我起身来相劝

哪有两歌手相斗的

孩儿我起身来相劝

野牛的四蹄赛过霹雳

野牛的四蹄赛过霹雳

猛虎的獠牙锋利如剑

这和山的和谐不一致

虎崽我起身把你俩劝

父辈的口才犹如闪电

同龄的机智赛过猴子

斗智的对歌气氛紧张

孩儿我起身把你俩劝

长满苏鲁的山岭上

长满苏鲁的山岭上

野牛往岩石上蹭角

牧人的紫帐院落里

犏牛用四蹄踩草坪

牛犊我起身把架劝

酒席列次的座首上

舅在讲世界形成记

酒席列次的尾座上

姑在唱珠姆六变调

歌手我起身来相劝

上马圈满圈是骏马

上马圈满圈是骏马

中庭院满是马蹄绊

祝福永世骏马满马圈

中院满院是牝牦牛

紫奶桶中牛奶盈盈

祝福永世牝牦牛满院

圆灶旁子孙笑呵呵

福屋里满屋是美食

祝福永世年年有余粮

十方佛安住在虚空

十方佛安住在虚空

悦耳佛语传遍雪域

祝愿永世能聆听佛语

金色太阳空中照耀

阳光洒满南瞻部洲

祝愿永世阳光暖人间

云雾从海面上生起

甘雨滋润山川大地

祝愿永世能滋润大地

上方草甸和下方草甸

上方草甸和下方草甸

百马汇聚在两草甸

枣骝马在排头上傲立

旁边围拢着众多马驹

祝愿百马吉祥如意

上部村寨和下部村寨

同龄人聚在两村寨

长辈在列次座首就坐

身边围坐着众多同龄

祝愿老幼吉祥如意

雪域藏人有三大节日

雪域藏人有三大节日

一是藏历十月 "燃灯节"

酥油灯光驱散了黑暗

祝心明意净扎西德勒

二是藏历四月十五日

净水的鲜花开遍三域

供奉净水洗净意盖障

祝消除愚痴扎西德勒

三是藏历正月过新年

青稞美酒打开话匣子

幸福的歌声传遍雪域

祝雪域高原扎西德勒

波罗奈斯的野鹿苑

波罗奈斯的野鹿苑

释尊初转四谛法轮

此时空中青龙吟吼

绵绵细雨滋润大地

大地上六谷喜获丰收

这就是祥瑞的缘起

雪域藏民居住之地

贤良长者坐在座首

此时同龄欢歌笑语

美酒飘香互致吉祥

歌手起身赞美新时代

这就是祥瑞的缘起

大山的吉祥深谷里

大山的吉祥深谷里

野狐的毛色真好看

微风吹拂时更好看

野花遍地的草滩上

羊群撒欢活泼可爱

膘肥体壮时更好看

吉祥村寨的筵席上

同龄人歌舞真动人

茶和酒齐全更好看

花山岭的垭豁口

花山岭的垭豁口

虽未磨兵器般锋利的

那是野牦牛头上的角

旃檀树的森林中

如朱砂画下的图案的

那是猛虎背上的斑纹

逶迤黄河的右岸上

像五色霓虹幕般搭就的

那是孔雀开屏时的美景

骏马的故乡在牧区

骏马的故乡在牧区

桦木的鞍子在农区

骑马的福气我们有

牝牦的故乡在牧区

松木的奶桶在农区

挤奶的福气我们有

犏牛的故乡在牧区

锦鸡儿的鼻圈在农区

驮运的福气我们有

好马儿能顶个父亲

儿不能没有父亲

假如没有个父亲

那就需要匹骏马

好马儿能顶个父亲

儿不能没有兄弟

假如没有个兄弟

那就需要把宝刀

宝刀能顶个兄弟

姑娘不能没有母亲

假如没有个母亲

那就需要头牝牦

好牝牦能顶个母亲

后　记

　　在漫长的岁月中，藏族人民创造了独具特色的雪域高原文化，安多藏族酒曲就是这棵文化大树上绽放的一朵美丽的鲜花。这种在藏语中被称作"勒"的酒曲，内容涉及生活的各个方面，交流感情、互达友谊、表达喜悦、赞美生活、歌颂生活等，只要是言语能表达的内容，都能以酒曲的形式展现给观众，内容丰富多彩，不拘一格。酒曲的曲调因地域不同而形成多种风格，据本人平常留意到的至少也有二三十种以上。在一个地方比较出名——嗓子好、口齿清、酒曲多、姿势美、形象佳——的"勒哇"（唱家），往往会受到人们的喜爱。一般而言，一个善唱酒曲的歌手，同时也一定是一个善唱"拉伊"的歌手。酒曲有固定的歌词，但也能即兴发挥现场编词，有不少歌词沿用了民间传说、谚语典故等，与优美的曲调搭配，经歌手深情演绎，非常感人。

此次译成汉文的这300首安多藏族酒曲，是从青海民族出版社1982年3月出版发行的《藏族民歌·悦耳甘露》（书名简称《藏族歌谣》）（藏文版）一书中选译的。基本上涉及了安多藏族酒曲的所有类型，大体上能反映出安多藏族酒曲的整体面目。在翻译过程中对个别不得不用音译来处理的词汇，以及对藏族文化接触不多的读者容易感到陌生的词汇作了必要的注解。然而有些歌词却没那么简单，原词中的许多优美词句，虽然我在翻译时绞尽脑汁几经修饰，却总是很难把它原汁原味地表达出来，留下了诸多遗憾，还望方家见谅赐教。

早在去年4月份，就有久美多杰和多吉仁丹二位翻译家翻译的《心上的天籁》一书问世；之后翻译家汪什代亥·索南达杰先生翻译的《安多拉伊》也由青海人民出版社出版。翻译安多藏族民歌（酒曲和拉伊）的酸甜苦辣，久美多杰和汪什代亥·索南达杰在各自译作的《后记》（《跋》）中作了相当精彩的描述。由于本人才疏学浅，词不达意，在此就免作鹦鹉学舌之功。

在本书的翻译过程中，年逾古稀的原青海日报社社长赵得录先生欣然为本书作序；省社科院的藏学专家才项多杰先生及时为我整理、提供相关资料；著名翻译家久美多杰先生在百忙之中对全书修改润色；相濡以沫的妻子肉先措不顾体弱多病，毫无怨言地每天按时为我做好可口的饭菜。借此机会向他们致以最诚挚的谢意！同时，我还要衷心感谢青海人民出版社给我提供了这样一个平台，使我有了翻译安多藏族民歌的机会。由于水平所限，书中难免存在瑕疵甚至错讹之处，在此诚恳希望专家和读者提出宝贵意见。

角·华青加

2017 年 6 月 27 日